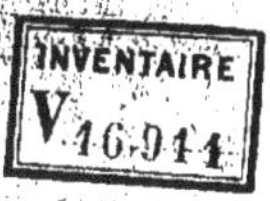

CANAL MARITIME

DE

NANTES A ST-NAZAIRE

AVANT-PROJET

Exposé devant la Chambre de Commerce de Nantes le 8 octobre 1861,
et devant la Commission Municipale des Travaux Publics le 16 du même mois, puis agréé par le Conseil Municipal, dans les séances des 14 et 15 novembre 1861,

PAR AD. RADIGUEL, ING^r CIVIL.

NANTES,
Quai de la Fosse, 25 — IMPRIMERIE DU COMMERCE — Év. Mangin, à Nantes.
1862.

CANAL MARITIME

DE

NANTES A ST-NAZAIRE

AVANT-PROJET

Exposé devant la Chambre de Commerce de Nantes le 8 octobre 1861,
et devant la Commission Municipale des Travaux Publics le 16 du même mois, puis agréé par le Conseil Municipal, dans les séances des 14 et 15 novembre 1861,

PAR **AD. RADIGUEL**, ING CIVIL.

NANTES,
Quai de la Fosse, 25 — IMPRIMERIE DU COMMERCE — Ev. Mangin, à Nantes.
1862.

A Messieurs,

Le Préfet du département de la Loire-Inférieure,

HENRI CHEVREAU,

Le Sénateur, Maire de Nantes,

FERDINAND FAVRE,

Le Président de la Chambre de Commerce de Nantes,

P. FRUCHARD.

MESSIEURS,

La sollicitude active et éclairée que vous apportez à tout ce qui peut contribuer à la prospérité de la ville et du port de Nantes, a accueilli très favorablement, de même que celle des corps importants que vous représentez, la première présentation du projet de CANAL MARITIME DE NANTES A SAINT-NAZAIRE. Pour répondre à cette honorable confiance et à la juste impatience du public, désireux de connaître aussi l'économie et la portée d'une entreprise qui l'intéresse au plus haut point, l'AUTEUR a dû ne pas différer de publier l'avant-projet. C'est ce travail préparatoire qu'il vous prie de vouloir bien agréer, dans l'espérance que vous y trouverez, ainsi que vos nombreux administrés, le moyen d'ouvrir une voie de prospérité toute nouvelle à la ville et au commerce maritime de Nantes. Tel est l'objet que s'est proposé

Votre très humble et très obéissant serviteur,

Ad^e-H.-J.-M. RADIGUEL.

CANAL MARITIME

DE

NANTES A SAINT-NAZAIRE

I.

Historique de l'état de la Navigation en Loire maritime.

1. La navigation, soutien de l'agriculture, de l'industrie et du commerce.

L'agriculture qui fournit les matières premières, l'industrie qui les met en œuvre et le commerce qui les distribue, sont les bases de la prospérité des peuples; mais pour atteindre tout leur développement, ces trois formes de l'économie sociale en réclament une quatrième, la navigation qui ouvre des débouchés à la production agricole, qui fournit des approvisionnements à l'industrie et qui est l'instrument de tout commerce lointain. Les cités les plus florissantes ont toujours été celles qui ont pratiqué la navigation, et l'on peut dire que la richesse des peuples se mesure au développement de leur marine marchande.

2. Nantes fondée pour le commerce de la mer.

De tout temps, la ville de Nantes s'est adonnée à la marine, et elle a eu comme d'autres son illustration à cet égard. Sa fondation en tête de l'estuaire d'un grand fleuve n'eut pas d'autre cause que le commerce de la mer. Le port de Nantes est du petit nombre de ceux qui, placés sur le cours d'une grande rivière, jouissent du double avantage d'une position à la fois intérieure et maritime. Londres, Hambourg, Rotterdam, Rouen, Bordeaux, la Nouvelle-Orléans, Calcutta, etc., doivent à cette position mixte le bénéfice du grand trafic qui s'y fait; ce sont des centres d'importation et d'exportation, bien mieux placés que les ports côtiers pour les approvisionnements et les expéditions. Tant que la Loire maritime ne s'est pas trop ensablée, le port de Nantes a joui de ces avantages.

3. Les Namnetes.

Dès la plus haute antiquité, les habitants des rives de la Basse-Loire formèrent une cité celtique dont le peuple porta, comme tous les autres, un nom significatif, tiré du caractère de la contrée ou de celui de la population. Ils s'appelaient ***Namnetes***, c'est-à-dire les *petits fleuves, nan,* à cause du grand nombre de bras entre lesquels la Loire partage chez eux son cours par l'effet des îles. Les avantages de leur position maritime, à l'ouest du vaste territoire des Gaules, avaient rendu ces peuples célèbres jusque dans l'Orient.

4. Corbilon, premier port des Namnetes.

Corbilon, aujourd'hui Couëron, fut d'abord le principal port des Namnetes ; c'est aussi là que commence proprement la baie de la Loire maritime. Le nom de cette antique station se trouve mentionné par le plus ancien des géographes grecs, *Scymnus de Chios,* quatre siècles avant J.-C.

5. L'ancien Condiviguen.

Plus tard, le chef-lieu de la cité des Namnetes fut transféré à la ville actuelle, qui existait déjà et s'appelait *Condiviguen* (*la fontaine de l'eau blanche*), le *Condivicnum* des Romains, situé au confluent de la Loire (*Eliger,* rivière du ciel), avec l'*Erdre* (la rivière d'*Arta,* nom de l'intelligence suprême chez les Celtes). La ville se trouva encore mieux défendue plus tard par la *Fosse,* canal que saint Félix fit creuser ou nettoyer, afin de rapprocher le port de la ville ; c'est encore le port actuel. Il y eut, à la chute de la domination romaine dans les Gaules, un retour à l'esprit de nationalité ; et la ville de Condiviguen prit, comme les autres cités celtiques, le nom du peuple dont elle était le chef-lieu : c'est de là que vient le nom de *Nantes.*

6. Antiquité de la navigation chez les Namnetes, prouvée par

Les *Namnetes* ou Nantais ont pratiqué le commerce de la mer dès un temps si reculé qu'il se perd dans la nuit des âges ; c'est ce qu'attestent la plupart des noms que portent encore les localités riveraines de la Loire maritime. Ces noms se rapportent presque tous à la navigation.

7. Les caps ou nez,

Par exemple, des deux caps ou pointes qui ferment l'embouchure de la Loire, l'un est *Mindin* (le *cap* du *Bois*), l'autre Saint-Nazaire (*Nasart,* le *nez* ou pointe d'*Arta*). Plus près de Nantes, une pointe avancée qui resserre la rivière sur la rive gauche, porte le nom de *Bouguenais* (le *nez* où pointe du *Marais*), à cause des terrains bas qui sont en arrière. Que de *pointes* ont été ainsi nommées par nos pères, depuis les îles Hébrides jusqu'à celles de la mer Egée, depuis *Inverness* (le *nez* du *Verger* du *Diable*) en Ecosse, jusqu'au cap qui donna son nom au *Péloponèse* (le *nez* de *Belle Montagne*) !

8. Les feux ou fanaux.

Les éminences riveraines de la Loire, qui portaient un *feu* de nuit, ont toutes retenu la racine *in, ind, ing, an, on,* qui signifiait le *feu* en langue celtique : La *Haute-Indre* et la *Basse-Indre;* la *Martinière* (le *feu* de *Mars*), la *Telindière* (le *feu* du *Teil*). Cela se retrouve bien ailleurs. On connaît le mythe essentiellement maritime d'*Ino,* personnification du Fanal, avec son fils *Palemon* (Beau-Mont), ou *Melicerte* (Belle-Ville) qui le porte. Les deux appellations du Dieu du *feu* sont *Indra* et *Agni,* en sanscrit, langue sacrée des Brahmanes, et qui n'est qu'une dérivation de la langue celtique, portée dans l'*Inde,* il y a bien quatre à cinq mille ans, par les *Artaïens*, ancêtres des *Artésiens* d'aujourd'hui, lesquels étaient accompagnés des Morins (Normands) et principalement d'Armoricains (Bretons), ainsi que nombre de mots l'indiquent.

9.
Le nom du Diable.

A cause du feu central de la terre, l'*enfer* (le *feu le plus reculé* dans les entrailles du globe), la racine *in, an* signifiait aussi le *Diable*, en nombre d'appellations maritimes comme celles que nous trouvons encore ici : l'*Even* (l'*eau du Diable*), nom de cet écueil entouré de bas-fonds dangereux, près du chenal qui porte en Loire. A Nantes, par opposition à l'*Erdre*, on a la *Chésine* (la *case* ou l'habitation du *Diable ;* tel est le nom de cet étier, autrefois très malsain, qui s'embouche encore dans le port de la Fosse. C'est aujourd'hui un quartier industriel, occupé principalement par la grande raffinerie de M. *Cézard* (la *case* ou maison d'*Arta*). Quand elle signifie le *Diable*, la même racine prend plus particulièrement une lettre gutturale à la fin : *Donges* pour *Dun-inges* (la *dune* ou pointe du *Diable*), fut ainsi nommé de ce qu'il forme un écueil très avancé dans la baie de Loire. A ce propos, la *loi de l'Ynch*, c'est la loi du *Diable, qui vous tord le cou sans plus de forme de procès*. Les anglo-américains l'appliquent toujours sans la comprendre : que n'en aient-ils perdu comme nous la pratique avec le sens !

10.
Naviguait-on au-dessus de Nantes ?

La marine a-t-elle pu, autrefois, remonter plus haut que Nantes, comme on le croit ? Plusieurs noms de localités riveraines semblent encore l'indiquer, tels sont : le *hâvre* d'Oudon, *Ancenis*, le *feu blanc* d'*Ise*, la nature, la grande déesse des Celtes, qui portèrent son culte en Egypte et ailleurs ; enfin *Ingrande* (le *grand feu*), d'où part le canal de dérivation de la Loire qui fait partie de ce projet. On peut remarquer qu'à partir de là, vers l'amont, la racine *in* disparaît sur les rives de la Loire.

11.
Ancienne étendue de la Loire maritime.

La marée, toutefois, ne pouvait se faire sentir à Ingrandes, ni même à Ancenis ; du moins elle ne remonte guère aujourd'hui qu'à *Mauves*, à 15 kilomètres de Nantes. Ce nom, par sa signification de *mauvaise eau*, indique que là finissait la navigation maritime, et pouvait commencer celle de la batellerie. Par opposition, nous trouvons à l'autre extrémité de l'estuaire de la Loire, du côté du large, la pointe de l'*Eve*, c'est-à-dire de l'*eau* par excellence. Ce cap signalait aux navigateurs le chenal qui donne accès dans la baie de Loire. De Mauves à la pointe de l'Eve, toute la ligne de la Loire maritime s'étendait ainsi sur 80 kilomètres de longueur.

12.
Les Namnetes navigateurs.

On voit par là deux choses : la première, que les rives de la Loire maritime ont été habitées, dès l'origine, par un peuple très adonné à la navigation. C'était le double effet du génie entreprenant des Namnetes, et de leur position maritime adossée au massif de la Gaule centrale. Ils eurent ainsi de tout temps un vaste territoire à approvisionner de produits étrangers et à desservir, en retour, pour le débouché des productions de son sol fertile et celui de son industrie; car ce sont les Celtes, nos pères, qui paraissent avoir pratiqué les premiers tous les arts.

13. Les Namnetes colonisateurs. On voit aussi par divers noms anciens de pays, de villes, de ports, dans l'Europe orientale et l'Asie, noms qui ont encore chacun leur prototype dans le pays Nantais, que ce peuple, avec sa marine, dut prendre une grande part aux expéditions colonisatrices des Celtes. Par exemple, le nom du chef-lieu de leur cité, *Corbilon*, se retrouve en Italie, en Grèce et en Asie; et ce nom, par sa signification propre (jardin du soleil, *belon, beau feu*), semble indiquer que là passait le premier méridien pour les anciens navigateurs Namnetes (1). Ce mot, du moins, est dans l'analogie d'autres noms de ville où l'on sait que

---

(1) L'astronomie appliquée à la navigation ou fruit de la navigation même, date de beaucoup plus haut qu'on ne pense. Bien des siècles avant les temps dont l'histoire ait fait mention, de nombreuses migrations celtiques, opérées plus souvent encore par mer que par terre, avaient conquis et civilisé presque tout l'ancien monde : d'abord les îles Britanniques, l'Espagne et les rives de la mer Baltique, à l'extrême Occident; puis l'Italie, la Grèce, l'Asie-Mineure, la Phénicie, l'Afrique proprement dite, l'Egypte, la Syrie, la Perse, l'Inde et même la Chine. Cette assertion peut sembler paradoxale, d'autant que les philologues enseignent encore tout le contraire, faisant tout venir de l'Orient, la civilisation et la race celtique même. On a seulement substitué le sanscrit à l'hébreu, comme langue mère.

Mais des études spéciales de philologie comparée et d'histoire, de géographie ancienne et de topographie moderne, de géologie paléontologique et d'etnologie, m'ont mis à même d'établir que c'est chez les Celtes, nos pères, que la civilisation ancienne a pris naissance, tout comme on peut dire, la civilisation moderne. Presque tout ce qu'il nous a été conservé de noms *primates*, c'est-à-dire de choses de premier ordre en tous pays, noms de contrées et de villes, de montagnes et de vallées, de rivières et de lacs, de mers et de ports, de dieux et d'hommes, d'arts et de sciences, d'institutions civiles, politiques et religieuses, peuvent s'expliquer au moyen d'un certain nombre de racines qui sont propres à la langue celtique. On peut reconnaître ainsi, par la signification non douteuse de ces mille et mille mots :

1° Que les Celtes avant d'entreprendre leurs conquêtes civilisatrices, avaient déjà découvert les principaux métaux, trouvé le jardinage et l'agriculture, inventé le tissage et les autres arts manuels, ainsi que l'astronomie, la navigation et l'écriture;

2° Qu'ils avaient un corps de science ou encyclopédie dont on retrouve encore de notables lambeaux ;

3° Qu'ils avaient un droit civil, politique et des gens très avancé ;

4° Qu'ils pratiquaient la religion naturelle, dont la plupart des autres n'ont été ensuite que des altérations au retour vers l'idolâtrie, le fétichisme, le nihilisme et l'antropolâtrie, et que le souvenir s'en conservait ;

5° Enfin, qu'ils portèrent partout avec eux un *système régulier de poids et mesures*, qui ne le cède point en raison au système métrique actuel, et dont tous les autres systèmes n'ont été aussi que des dégradations. Il est singulier vraiment de voir, à quatre ou cinq mille ans de distance, les peuples des diverses parties du monde revenir aujourd'hui chercher chez nous un nouveau système de poids et mesures, régulier, en place de celui que nous leur avions porté et qu'ils ont dès longtemps altéré.

Depuis qu'à mes heures de loisir je m'occupe de rassembler les preuves de ces assertions curieuses, j'ai déjà bien retrouvé huit à dix mille mots, tous noms de choses primates en divers pays de l'ancien monde et tirés

passait un premier méridien; par exemple *Babylone* (la *porte* de *Bylon* ou du Soleil) n'était pas le nom de la ville que l'on désigne vulgairement ainsi, mais celui de la Tour Merveilleuse, à sept ou huit étages, qui servait d'observatoire à la grande cité qui l'entourait. Un premier méridien passait par cette tour même. Quant à la ville, elle s'appelait *Byrsa* (prononcez *Bourse*), nom encore très français, que lui avaient fort judicieusement donné les

---

du sanskrit et de l'indostani, du zend et du persan, de l'hébreu et du syriaque, du grec et du latin, des langues turques, slaves, germaniques, sans compter ceux des divers dialectes celtiques.

Les noms donnés par nos ancêtres aux principales choses en tous pays furent si caractéristiques et en même temps si euphoniques, qu'ils sont partout conservés et pas trop défigurés. On peut en suivre la trace continue depuis le cap *Finisterre*, à l'Ouest de la grande *Hespérie*, ce *Far-West*, l'un des bouts du monde des temps passés, jusqu'au cap *Comorin* (*montagne* de la *mer* de *Feu*), qui termine la pointe sud de la presqu'île de l'Indostan, dans la mer de la zône Torride, à l'autre extrémité du monde alors connu. Le souvenir de cette nomination générale et raisonnée s'était conservé.

La précision dans ces interprétations étymologiques est si grande, à cause des nombreuses confirmations qu'elles rencontrent, que l'on peut souvent assigner de quel point de la Gaule étaient sortis les colonisateurs de telle ou telle contrée, les fondateurs de tel empire ou de telle ville, et cela en Europe et en Afrique comme en Asie.

La véritable signification des mots, due à l'intelligence de ces racines, donne une connaissance si positive des choses, que l'on pourra retrouver ainsi toute l'ancienne civilisation de nos pères, et presque chacune des branches de leur savoir, en particulier Ces mots sont de véritables médailles qui racontent et caractérisent les faits, à partir de la création même de notre race.

L'hiver dernier, à la fin de l'exposition que j'ai faite au *Cercle des Sociétés Savantes*, à Paris, de mes curieuses découvertes géologiques et paléontologiques sur le phénomène diluvien (moyen que la Providence créatrice a itérativement employé pour creuser les vallées et adapter ainsi les continents actuels à l'habitat des êtres), j'ai pu établir que, dans la création organique présente, les différentes races d'hommes n'ont pas été créées humainement inégales, mais *diverses en aptitudes* comme en *facies;* car le *faire* essentiel de la puissance créatrice est une *variété infinie* dans l'*unité absolue*. Il se trouve aussi que les diverses races humaines ont été providentiellement distribuées par groupes d'affinités, sur les continents, de manière que le groupe des races plus énergiques, plus industrieuses et plus actives, a été confiné tout entier dans la presqu'île européenne, et que les autres groupes s'écartent de celui-ci, à peu près en raison de leur infériorité relative. Ce ne sont donc pas les races passives plutôt qu'actives, de l'Orient, qui ont pu conquérir et civiliser les races plus fortes et plus entreprenantes de l'Occident.

Or, au centre de l'Europe a été placée la race celtique, race *minervique* entre toutes, sans être pour cela exempte de ses défauts; et il semble bien que c'est en elle que la Providence créatrice a déposé plus particulièrement le levain, qui devait opérer la fermentation civilisatrice au sein des autres nations du monde. Il a donc été un temps, dès l'antiquité la plus reculée, où tous les peuples ont joui des œuvres de nos pères. On sait ce que l'on a déjà nommé: *Gesta Dei per Francos* (les *Actes de Dieu par les Français*). Certes, le moindre n'a pas été celui par lequel la langue celtique, fruit d'une minerve supérieure, a pu déteindre avantageusement sur toutes les langues anciennes et modernes. On peut remarquer encore que le *français* actuel, issu de la même *minerve* (en celtique: l'*énergie de la tête, bin ou min*), tend, sans autre influence cette fois que sa prééxcellence, à devenir la langue usuelle des relations supérieures en tous pays,

On peut concevoir alors comment, dès la naissance des études philologiques, a pu être émis ce paradoxe

conquérants Celtes qui l'avaient fondée. Cette Bourse offrait une enceinte carrée de quatre lieues de côté, afin qu'elle pût servir de place de refuge en cas d'invasion, pour toute la population (bêtes, gens et richesses) de la fertile plaine arrosée qui l'entourait. Ces *Bourses* où Trésors ont été semées par nos pères dans toutes les contrées fertiles exposées aux incursions subites des peuples nomades sortant des déserts voisins, en Afrique, en Egypte, en Syrie, en Chaldée, etc. L'Acropole ou cité de Carthage, ville de négoce maritime par excellence, s'appelait aussi *Byrsa*, tout comme cet édifice de premier ordre où s'assemblent encore aujouid'hui dans nos villes, les négociants pour traiter d'affaires.

14. La marine remontant dans les fleuves.

L'autre remarque à faire, c'est que depuis ces anciens temps, les conditions de navigabilité ont bien changé dans la Loire maritime, comme en beaucoup d'autres rivières. Autrefois, le commerce de la mer ne comportait, à quelques exceptions près, que des transports en plus petites masses qu'à présent : le tirant d'eau des navires en était d'autant moindre. Il se faisait par là que les galères pontées ou non des anciens navigateurs pouvaient remonter assez loin dans l'intérieur en amont de l'embouchure des fleuves, d'autant que ceux-ci étaient peu ensablés encore depuis la grande chasse opérée par le dernier déluge (1). C'est ainsi que l'antique corporation des *Nautonniers Parisiens* avait pu établir son siège près du confluent de la Seine et de la Marne, à 360 kilomètres de la mer, mesurés en rivière. Il devait en être de même en Loire, bien qu'à un moindre degré, à cause de la plus grande pente. Il ne faut pas croire que les flottes des Normands qui remontaient ces deux fleuves ne fussent composées que de barques et ne portassent que des bandes, quand les plus fortes villes et les armées d'un grand royaume, alors généralement en paix, ne pouvaient leur résister.

---

fort plaisant en sa forme, sans être pour cela moins fondé à certain point de vue, « qu'Adam parlait bas-breton dans le paradis terrestre »; et comment aussi peut se concevoir cette superbe devise d'un membre de l'Académie celtique, Le Brigand (*Pont-du-Diable* ou le *Brestois*), avait adoptée, il y a presqu'un siècle : « *Celtica negata, negatur orbis* »; ce qui veut dire que si l'on nie l'action des Celtes sur tous les peuples, dès la plus haute antiquité, l'on n'a plus aucune raison de l'Histoire. La preuve que Le Brigand ne pouvait donner alors, on la pourrait très bien faire aujourd'hui. Là est la solution des principaux problèmes de la véritable philosophie de l'Histoire.

Comme ce Mémoire s'adresse à un peuple de navigateurs, dont les ancêtres furent acteurs dans ces grands faits anté-historiques, et que leurs descendants ne peuvent que prendre une meilleure part à la reprise de l'œuvre, au moyen de l'entreprise ici proposée, toute cette longue note y trouvera son excuse.

(1) D'après des indices que j'ai trouvés dans l'exploration des terrains diluviens de la vallée de la Seine, indices bien confirmés d'autre part, l'époque du dernier déluge, le plus remarquable de tous, ne remonterait pas au-delà de huit mille ans, dans le passé. C'est depuis lors que les rivières ont commencé à s'ensabler, leurs embouchures à se combler et les deltas à se former. Tel serait au plus l'âge du genre humain actuel et de toutes les espèces animales et végétales que nous voyons.

15. L'ensablement des embouchures, loi de la nature.

Le phénomène de l'ensablement et de l'envasement des embouchures n'est pas particulier à certaines rivières. C'est l'effet d'une loi générale de la nature, qui fait que les apports sableux ou vaseux des cours d'eau doivent combler peu à peu les bassins où ils se déposent. Seulement cet effet est plus intense dans les uns que dans les autres, selon certaines circonstances. Le mouvement des marées tend à nettoyer les embouchures; mais quelquefois, comme en Seine, il apporte l'ensablement en remontant les dépôts de la côte.

16. Sa progression en Seine.

La progression du recomblement n'est guère sensible d'une année à l'autre, mais on s'en aperçoit au bout d'un certain laps de temps. Depuis que l'on a fait à ce sujet des remarques dans la Seine maritime, on a reconnu, par exemple, que le tonnage des navires qui remontaient communément du Havre à Rouen, au commencement du règne de Louis XIV, avait sensiblement diminué un siècle après; et ce fut à cette occasion que le commerce de Rouen demanda que l'on prît des mesures pour supprimer la *traverse* qui barrait le fleuve vers Villequier. Dans la Basse-Seine, entre Rouen et Paris, le chenal navigable s'est aussi progressivement empiré depuis le temps de Louis XIV. Les grands chalands de Seine de 800 tonneaux pouvaient alors remonter à Paris dans les mêmes bonnes eaux où des chalands de 500 tonneaux le peuvent à peine aujourd'hui.

17. Idem en Loire.

Vers le même temps que l'on se plaignait à Rouen, on s'apercevait aussi à Nantes d'une notable diminution de tirant d'eau sur les passes de la Loire, qui, cent ans auparavant, étaient encore tolérables, du temps que les Hollandais avaient un comptoir à Nantes. On réclama aussi des améliorations; et ce fut à la suite de cela que fut fait, avant la révolution, le premier essai des digues longitudinales submersibles en Loire. Le résultat ne paraissant pas satisfaisant, on s'en tint là. L'effet normal de l'ensablement reprit son cours, au point que longtemps après, sous M. l'ingénieur en chef Lemierre, on chercha de nouveau à le combattre par l'établissement de digues. Cela ne réussissant pas mieux que la première fois, on s'arrêta encore, jusqu'à ce qu'enfin on en soit revenu à ce troisième et dernier essai qui ne paraît pas devoir désobstruer le chenal de la Loire plus efficacement que les deux autres. On voit par là que l'ensablement des embouchures est un phénomène naturel, cause d'un mal qui, s'accroissant avec le temps, en vient à un point où il fait tout obstacle et n'est plus tolérable. La question se présente alors sous deux termes : faut-il combattre l'obstacle naturel qui se reproduit sans cesse, ou bien vaut-il mieux le tourner? Un grand intérêt s'attache ici au choix de la solution : il s'agit de conserver à une grande et intéressante cité, son commerce maritime qui tend à la quitter. Commençons par l'examen des moyens qui ont été jusqu'ici employés.

II.

Insuffisance des moyens jusqu'ici proposés pour conserver au port de Nantes son commerce maritime.

18.
Création du bassin à flot de Saint-Nazaire.

La ville de Nantes pouvait bien voir, comme celle de Rouen, le fleuve qui lui avait longtemps servi d'accès du côté de la mer obstruer de plus en plus ce passage; mais elle n'avait pas en avant d'elle, sur le littoral, un autre port comme le Havre, formant tête de ligne de chemin de fer sur Paris.

L'Etat vint à sentir l'importance d'avoir une station maritime à l'embouchure de la Loire. On était encore au temps où les défenses de terre pouvaient garantir les établissements maritimes contre les projectiles de l'ennemi. On offrit par là à la marine de Nantes la perspective de pouvoir opérer les transbordements obligés de ses navires sur des alléges, dans une eau un peu plus tranquille que celle de la rade de Paimbœuf. L'établissement d'un bassin à flot à Saint-Nazaire fut donc considéré comme le moyen de créer un *avant-port* pour Nantes. L'expression était plus rassurante que juste, car pour le mince avantage d'une gêne un peu moindre, on s'est trouvé lotti d'un port littoral, auquel il ne manquait plus, pour avoir tous les moyens de rivalité, que l'adjonction du tronçon de chemin de fer qui devait le mettre en communication directe avec Paris.

19.
Le chemin de fer, tête de ligne.

De son côté, la compagnie du chemin de fer, pour l'avantage de son trafic et la meilleure économie des transbordements, ne pouvait manquer de désirer que les navires de tout tonnage pussent accoster directement ses rails. Or, l'état de la navigation dans la Loire maritime ne permettait ni aux navires long-courriers, ni aux prochains paquebots transatlantiques d'arriver à Nantes. Elle désira naturellement aller les chercher à Saint-Nazaire. On peut bien affirmer que si la compagnie du chemin de fer avait trouvé tout d'abord le port de Nantes accessible en tout temps aux navires de tout tonnage, comme il doit l'être par l'exécution du canal ici proposé, elle eût préféré avoir pour tête de ligne la grande et commerçante cité de Nantes plutôt que le petit bourg de Saint-Nazaire; mais dans l'état du fleuve, le trafic du cabotage étant le seul qui puisse remonter à Nantes, la compagnie a dû franchir cette ville pour stopper à Saint-Nazaire.

20.
Le prétendu avant-port de Nantes.

Cependant des personnes clairvoyantes, prévoyant ce résultat, faisaient opposition à ce que le chemin de fer passât outre; mais on présenta cette extension de la voie ferrée comme un moyen de compléter l'idée de faire du bassin à flot de Saint-Nazaire l'*avant-*

port de Nantes. Par exemple, les négociants nantais auraient toute facilité pour se transporter à volonté avec leurs commis à Saint-Nazaire, pour y veiller aux transbordements, à l'armement et au désarmement de leurs navires; ils auraient, de plus, la faculté de faire arriver plus tôt les marchandises les plus pressées; ces prétendues facilités ont été obtenues, mais au prix de déplacements et de dépenses très à charge au commerce nantais. Cela sert à faire voir que Saint-Nazaire dans les conditions actuelles, n'est pas l'*avant-port* de Nantes, mais bien un *autre port*. Si les intérêts nouveaux qui s'y créent et s'y développent, pouvaient encore dissimuler leur rivalité, l'établissement prochain d'un second bassin à flot, plus étendu que le premier, ne laisserait plus aucun doute à ce sujet. S'en aller prendre le grand commerce maritime dans le port de Saint-Nazaire, c'était un effet de la force des choses, tant qu'on ne pourrait le rencontrer à Nantes. La seule voie qui puisse concilier les intérêts divers, comme le projet de canal actuel, n'était pas encore ouverte.

21.
écours à d'autres moyens.

Dès que l'on commença à voir l'extension croissante de Saint-Nazaire, au détriment des intérêts maritimes de la ville de Nantes, on se mit en quête des moyens de faire remonter la Loire aux navires long-couriers. Deux voies se présentaient : établir un canal maritime, ou bien améliorer suffisamment la navigation en rivière. L'intérêt était si grand, que nombre de personnes s'ingénièrent à ce sujet. Les gens du commerce, plus intéressés à ce qu'on ne fît pas encore fausse route dans le choix du moyen dont la marine de Nantes pouvait attendre son salut, penchaient pour l'établissement d'un canal, comme remède plus radical.

22.
Diverses propositions de canal.

Le besoin d'un canal était si généralement senti, que diverses personnes produisirent sinon des projets, du moins des idées sur la direction possible du tracé et le caractère principal de l'ouvrage. On s'en remettait à MM. les ingénieurs du soin de rectifier et de compléter la donnée première. Cinq ou six indications de canal furent ainsi produites : tracé en terre, tracé en rivière, sur la rive droite, sur la rive gauche, alimentation par la rivière ou par la marée. Cette diversité montre combien la question d'un canal maritime était ici complexe; c'est au point qu'aucune des solutions proposées, même améliorée, n'aurait pu donner tout le résultat désiré. Cependant un avant-projet mieux défini sans doute avait été laissé par M. Cabrol, ingénieur en chef du département de la Loire-Inférieure; mais ce canal, en terre sur la rive droite, parut, dit-on, d'une exécution peu facile et trop coûteuse. Il n'y avait pas là de quoi detourner de l'idée d'un canal. Ce qui est difficile trouve souvent la solution la plus simple.

23.
mploi des digues submersibles.

On s'en tint à l'amélioration de la navigation en rivière, au moyen d'un chenal intérieur formé par deux digues submersibles et parallèles, de manière à concentrer le courant dans un espace plus rétréci. L'effet attendu de cette disposition est de mettre le courant à même de pouvoir approfondir les *traverses* ou hauts-fonds, et à ce défaut d'accroître la hauteur d'eau sur les passes. Cette vue est très spécieuse; et l'effet pourrait être certain dans une rivière comme il n'y en a pas, c'est-à-dire à régime permanent et uniforme et n'apportant pas de nouveaux matériaux d'ensablement.

24. Question jugée maintenant par les faits.

Ce moyen était encore très-préconisé par d'habiles ingénieurs, quoique contesté par d'autres non moins distingués. Dans l'art du génie comme ailleurs, il est des données controversables, surtout les questions nouvelles. Alors on n'a pour se guider que des aperçus théoriques ou des raisons d'analogie. Les faits connus font défaut. Telle a été la question de l'approfondissement des passes dans le chenal des rivières et des embouchures ; maintenant il existe assez d'expériences pratiques pour que l'on puisse justifier une théorie.

25. Premier emploi des digues, à Nantes.

C'est en Loire même, avant la révolution, que M. Magin, ingénieur des Ponts-et-Chaussées, fit le premier essai de digues en rivière, pour approfondir les passes. Le résultat ne répondit pas à l'attente; et cela empêcha que ce moyen fût appliqué dès lors dans la Seine maritime

26. Idem, à Glasgow.

Il y a environ quarante ans, la ville de Glasgow, située au fond de la baie de la Clyde, petite rivière d'Ecosse, entreprit de faire arriver à ses quais des navires d'un certain tonnage. On commença par concentrer le courant de la rivière et de la marée dans un chenal étroit, au moyen d'épis transversaux, puis de digues qui relièrent les têtes de ces épis. De plus, on se mit à draguer le fond du chenal ainsi rétréci. Une notable amélioration se fit sentir, et le dragage continuant toujours, le port de Glasgow put recevoir des navires d'un fort tonnage et de grands paquebots. Pour conserver ce résultat, il faut un dragage continuel. On voit là deux actions dont l'une est plus puissante que l'autre : l'extraction par le dragage l'emporte sur les apports réunis de la petite rivière et du flot. L'endiguement n'a fait que circonscrire la zône où le dragage s'exécute; et le rétrécissement opéré dans le chenal suffit encore pour l'écoulement des crues de la petite rivière.

27. Idem, en Seine maritime.

La ville de Rouen, voyant aussi se fermer le chemin de la mer par la *traverse* de Villequier, aspira à la même fortune que Glasgow. En conséquence, on établit des digues parallèles submersibles, d'abord sur la *traverse* même pour forcer les courants de la marée et du fleuve à couper le banc de sable, dont la position indiquait le point mort dans la lutte du flot contre le courant de la rivière. L'établissement des digues, changeant les conditions de cet équilibre, la traverse fut coupée, et la plus grande partie de ses matériaux est allée opérer l'attérissement du lit, entre la rive et chaque digue. Il y eut ainsi pour le moment une certaine amélioration, jusqu'à ce que la *traverse* se fût reformée plus loin, au débouché des digues qui l'avaient coupée. Alors on a prolongé ces digues de manière qu'il s'est fait une nouvelle coupure au bout de laquelle, malheureusement, il s'est reformé une troisième *traverse*. On est arrivé à pousser ainsi les digues jusqu'à moitié de la baie de Seine. La question était d'en rester là ; mais on a décidé de pousser encore plus loin. « En poursuivant ce système de travaux, a-t-on dit dans une étude » sur ce sujet, on arriverait dans une période facile à déterminer, à rejeter toutes » les alluvions sur l'atterrage du Havre, et à convertir finalement en prairie les bassins » de cet inestimable port (1). »

28. Résultat négatif.

Même à ce prix, Rouen ne jouirait pas de l'avantage qu'il poursuit au moyen de l'endiguement ; car le courant de flot est si puissant, et le courant du littoral lui apporte à remonter une si grande masse de détritus, provenant des éboulements des falaises, qu'il se reformera infailliblement un obstacle en avant des digues, puis en dedans même, lorsque le flot aura repris l'empire sur le courant du fleuve. Tels sont les résultats précaires et partant négatifs de l'endiguement d'un chenal artificiel dans la Seine maritime. Par contre, on obtient rapidement ainsi l'attérissement de tout le restant de la baie. Peut-on ambitionner aussi de faucher des foins entre Paimbœuf et Saint-Nazaire ?

29. Deuxième essai en Loire.

Déjà un second essai d'endiguement avait été fait à Nantes. M. l'ingénieur en chef Lemierre en avait établi quelques unes pour améliorer certaines passes ; mais ici où l'ensablement purement siliceux est moins mobile et charrié d'amont, et où il y a moins de marée qu'en Seine, l'effet n'avait pas répondu à l'attente, et l'on s'était arrêté comme la première fois.

30. Appel à tous moyens.

Plus tard, M. Gaujà étant préfet du département de la Loire-Inférieure, voulut donner satisfaction aux exigences croissantes de la situation du commerce maritime de Nantes. Comme la question n'avait pas encore trouvé de solution désirable, M. le préfet crut devoir faire appel à toutes les expériences. Ce fut alors principalement que se produisirent les idées de canal fortifiées, quelques unes par une critique très fondée de l'emploi des digues (2). Par l'effet de diverses circonstances, il ne put y avoir pour lors aucune détermination de prise, et la ville de Nantes fut réduite à voir, chaque année, le port de Saint-Nazaire se mettre de plus en plus en position d'absorber le commerce de ses long-couriers. Il ne manquait plus à sa mauvaise fortune que de se voir enlever ensuite le trafic du cabotage. Or, voici comment, pour vouloir conserver le premier, on s'est mis dans le cas de pouvoir bien perdre aussi le second :

---

(1) Voy. *Revue des Deux-Mondes*, numéro du 15 décembre 1861, *la Seine Maritime*, par J.-J. Baude.

(2) Voy. *Mémoire du Cercle Maritime de Nantes*, en réponse à la lettre de M. le Préfet. — 1851.

31. *Troisième reprise de l'endiguement.*

Vers la fin de 1858, un simple arrêté de douane vint retirer la faculté d'armement et désarmement à Nantes pour les navires stationnant à Saint-Nazaire. Les Nantais apprirent par là combien Saint-Nazaire entendait peu se considérer comme l'*avant-port* de leur ville. Les dernières illusions tombèrent; et après que l'on eût réclamé et obtenu justice pour une chose de droit commun (1), on sentit la nécessité de ne plus différer dans l'emploi des moyens qui pourraient faire arriver au port de Nantes ses navires de tout tonnage, puisqu'ils ne jouissaient à Saint-Nazaire que d'une hospitalité précaire. Il paraît que l'on fut si pressé d'agir, qu'on ne se donna pas le temps de réfléchir à des moyens nouveaux. On en revint au système de l'endiguement, mais devant être poussé cette fois jusqu'au bout. La confiance en ce système fut telle qu'on promit sérieusement au commerce un tirant d'eau habituel de 5 mètres, là où il n'y en avait guère plus de 3.

32. *Mauvais effet général.*

Voilà deux ans que cette autre expérience d'un chenal endigué se poursuit, et le travail accompli s'étend déjà sur une longueur d'environ 16 kilomètres : C'est plus que suffisant pour juger de ce qu'on doit attendre de ce troisième essai. Quoi qu'il arrive, l'endiguement a tellement rétréci le chenal, que la largeur du lit de la Loire s'en trouve réduite au moins de moitié. Tout l'espace compris entre la rive du fleuve et chaque digue, forme maintenant de grands cloaques ou marais clos, qui sont voués à un attérissement prochain ; et les riverains n'ont plus guère d'accès au fleuve, que là où une digue vient se rattacher à la berge. La section d'écoulement dans le lit du fleuve se trouvant réduite de moitié, il faut s'attendre à Nantes et tout le long du chenal obstrué, à des débordements comme on n'en a point encore vu. Dans ce couloir établi en rivière et beaucoup plus étroit que celui de la baie de Seine, le courant de marée prend en certains endroits tant de force que le passage n'est plus guère possible à la voile, et difficile pour le remorquage.

33. *particulièrement pour la navigation*

En fait, y a-t-il amélioration pour la navigation ? Il résulterait de sondages qui furent pris il y a sept mois, que depuis l'établissement des digues jusqu'alors, la hauteur d'eau se serait accrue plus ou moins sur les *passes*, et que l'une aurait disparu avec ou sans dragage. Mais soit qu'il ait pu se glisser quelque erreur dans cette appréciation, soit que le prolongement assez considérable des digues exécuté depuis lors ait eu, en divers points, pour résultat un effet tout contraire au premier, il y a à peu près unanimité dans le port de Nantes pour reconnaître que les difficultés, les périls mêmes de la navigation n'ont

---

(1) « Cette décision, portée à la connaissance des armateurs par la voie des journaux, soulève de leur » part les plus énergiques réclamations. Ce n'était pas sans raison, car la mesure dont il s'agit pourrait » amener, si elle était maintenue d'une façon absolue, les plus fâcheuses conséquences, au point de vue des » intérêts maritimes et urbains de Nantes. (Voy. *Mémoire de la Chambre de Commerce de Nantes, sur* » *des mesures administratives.* — Février 1859, in-4°. »

fait que s'accroître au fur et à mesure de la nouvelle extension des digues. Les retards par perte de marée, les avaries, les échouages même se sont multipliés dans une proportion sensible. Les dommages, les indemnités, les pertes et les procès se sont accrus en conséquence. Des capitaines de navires étrangers ont paru rebutés des inconvénients qui résultent de l'état dans lequel on a mis le chenal de la rivière.

34. Éventualités, les glaces.

On ne saurait entrer ici dans la discussion de ces résultats contradictoires. Ajoutons seulement pour compléter leur énoncé, que ce qu'il peut rester de partisans de l'endiguement ne tiennent pas encore l'expérience pour complète. Ils attendent l'effet des crues et des glaces, comme devant opérer le nettoiement du chenal rétréci. De l'avenir, on ne peut guère que présumer : il peut tout aussi bien se faire que les débâcles de glaces, compliquées d'une petite crue, comme il arrive souvent, opèrent de grandes avaries dans ce couloir étroit ; et d'ailleurs, si les glaces abaissent le seuil des passes, il est bientôt relevé par les causes normales qui le produisent.

35. Les crues.

Pour ce qui est des crues, il est chanceux d'en attendre ce qu'habituellement elles ne peuvent donner. En général, si le courant d'une crue tend à creuser dans sa période de croissance où la vitesse augmente toujours, il tend à recombler dans sa période de décroissance où la vitesse diminue de plus en plus. Il arrive alors que les sables qui ont pu être charriés d'amont jusqu'à un point donné, ne peuvent passer outre par l'effet de la diminution de la pente combiné avec celui de l'affaiblissement de la vitesse. C'est ainsi que l'effet du recomblement est en somme supérieur à l'autre ; et voilà pourquoi en définitive le fond des lits s'exhausse. Lorsqu'un banc de sable est enlevé par une crue, il est bientôt reformé là où ailleurs. On peut prévoir que les eaux d'inondation auront, dans le chenal endigué de la Loire, un autre effet de recomblement particulier. Tout cours d'eau non contrarié ni contourné tend à niveler les grandes inégalités de son fond dans la section transversale de son lit. Or, dans un courant de grandes eaux débordées, toutes les inégalités naturelles ou artificielles du lit s'effacent ; lors donc que les eaux débordées de la Loire couleront sur les bas-côtés plus ou moins atterris des digues, elles tendront à raccorder le plan surélevé de ces bas-côtés avec le fond de cuvette endigué, au moyen de talus de sable prolongés de plus en plus de manière à se rejoindre en dedans des digues. On sait que tout fleuve endigué seulement sur ses berges exhausse son fond, témoin la Loire. Que ne sera-ce donc pas si l'on établit deux corps morts prolongés dans son lit même ?

36. L'atterrissement de la baie.

Dans un endiguement continu comme celui que l'on vient d'exécuter en Loire, la coupure d'une *traverse* n'est pas aussi facile que si l'endiguement n'existait que sur le point à couper. Il est aussi plus difficile d'empêcher de se reformer sur un autre point la barre que l'on aurait enlevée. Mais encore, n'en serait-il pas de même sur le cours du chenal

3

endigué, que la *traverse* se reformerait à l'aval du débouché des digues, là où la masse du flot s'accumule en remous, ne pouvant plus guère pénétrer qu'à moitié dans le chenal rétréci ; or, la masse du jusant étant d'autant plus réduite à son retour, n'aura aucune action de dégorgement, après être sortie du chenal. Alors donc que les digues détermineraient un certain nettoiement du chenal, il n'en faudrait pas moins les prolonger encore pour couper la *traverse* nouvelle qui se serait formée en aval. On serait conduit ainsi à atterrir très promptement toute la baie de Loire ; mais à moins d'avoir un autre accès vers la mer, qui ambitionnerait pour Nantes l'avantage de pouvoir faucher des foins dans la rade de Paimbœuf et de Saint-Nazaire ?

37.
L'impuissance du dragage en Loire.

On peut bien affirmer que par lui-même, l'effet de l'endiguement est impuissant pour maintenir un chenal navigable et libre à ses extrémités comme sur son parcours. Il ne suffit pas de déplacer une barre, il faut empêcher qu'elle ne se reforme plus loin, ce que l'endiguement prolongé ne saurait faire. Dans le chenal endigué de la petite Clyde, on emploie avec efficacité le dragage, parce que la cause de l'envasement est faible ; mais qui se flatterait de vaincre ainsi l'ensablement en Loire ? Qui nombrerait les centaines de milliers, les millions même de mètres cubes de sable que charrient les vingt-quatre milliards de mètres cubes d'eau que la Loire verse chaque année dans sa baie, et qui passeront forcément dans le chenal aujourd'hui indiqué ? Là où la drague aurait fait un vide, le recomblement ne tarderait pas.

38.
Conclusion.

Soit donc que l'on arrête l'endiguement de la Loire là où il en est, soit qu'on le prolonge dans la baie, au risque d'autres inconvénients plus graves, il est bien à craindre que l'on n'ait encore fait ici fausse route, en cherchant à garantir par ce moyen à la ville de Nantes, nous ne disons pas l'accroissement, mais seulement la conservation de son commerce maritime.

III.

Raisons d'être du projet. — Intérêts généraux.

39.
Question d'un grand intérêt.

Lorsque de grands intérêts sont en cause, la recherche des moyens propres à les sauvegarder doit sortir du cercle des sollicitudes ordinaires. On l'a déjà vu dans la question présente, où pour le moins il s'agit de conserver à une grande et intéressante cité son commerce maritime qui fait la base de sa prospérité. La ville de Nantes est en possession depuis des siècles, de pratiquer le trafic de la mer avec avantage pour elle comme pour la communauté. Il y a là de quoi justifier la prétention de ne pas déchoir. De plus, il est des intérêts supérieurs, parce qu'ils sont d'un ordre plus général, lesquels se trouvent solidaires non pas seulement de la conservation de la marine de Nantes, mais de son développement sur l'échelle la plus grande.

40. evant être vue de haut.

En conséquence de l'extension des besoins nouveaux, aux exigences desquels un trafic maritime plus ou moins lointain permet seul de satisfaire, Paris, la France, l'Europe centrale même, peuvent trouver dans le port de Nantes la position et la commodité les plus enviables. Il y a là une considération de première importance pour entreprendre de rendre ce port accessible autant que l'art et la nature peuvent le permettre. C'est à une vue de cet ordre plutôt qu'à celle d'un intérêt purement local, qu'est due la conception du présent projet, non pas à Nantes, mais à Paris où l'on est placé pour voir les choses de plus haut.

41. esoin d'un port d'attache, continental.

Si l'on considère en effet le prodigieux développement que l'agriculture et l'industrie ont pris sur le continent, l'énorme accroissemement de la consommation qui en résulte, et comme conséquence de tout céla, la masse de plus en plus considérable des importations et des exportations, on sent l'opportunité d'avoir un port d'attache, en quelque sorte général, et surtout plus avantageusement situé et en de meilleures conditions que ceux qui ont rempli jusqu'à présent tant bien que mal cette fonction.

42. Liverpool, Londres.

Longtemps le continent de l'Europe, pour ses relations régulières et les plus promptes avec les pays lointains, n'eut d'autre port d'attache que celui de Liverpool, situé sur la côte ouest de l'Angleterre qui tourne le dos à l'Europe. Le port de Londres à pris ensuite sa bonne part dans ce mouvement de la navigation qui s'applique surtout aux personnes, aux correspondances et aux marchandises les plus précieuses.

43 Le Havre.

Un peu tardivement peut-être, mais enfin la France a commencé d'entrer à son tour dans ce mouvement. Le port du Havre a détourné ou arrêté à son profit et au nôtre, une notable portion de ce trafic important, qui est le promoteur et la principale source de tous les autres. Le Havre s'est constitué ainsi en port d'attache, non seulement pour Paris et le bassin de la Seine qui lui est adossé, mais aussi pour la partie moyenne du bassin du Rhin.

44. Marseille.

A l'autre extrémité de la France, sur le bord de la Méditerranée, Marseille a très bien rempli de tout temps la fonction de port d'attache pour le bassin du Rhône.

45. Bordeaux.

De même, le bassin de la Garonne trouve en Bordeaux un port d'attache en position de remplir sa mission comme par le passé, si l'on ne gâte pas son fleuve par de malencontreux travaux en rivière, comme on le fait en Loire.

46. Nantes.

Il n'y a que le bassin de la Loire le plus central du territoire français et le plus grand de tous, qui ait manqué jusqu'ici, tant pour ses débouchés que pour ses arrivages, d'un port d'attache accessible aux navires d'un certain tonnage. Cette lacune à toujours été sensible ; elle le devient de plus en plus, depuis la prodigieuse extension que prennent partout les relations maritimes. Les ressources en capital, l'activité et la sérieuse entente des affaires qui sont propres à la place de Nantes, n'ont pas manqué de porter ses négociants à vouloir prendre leur part au moins proportionnelle dans ce mouvement nouveau ; mais une des conditions de ce trafic plus abondant, sans être moins disputé, a été un accroissement notable dans le tonnage des navires ; tandis que les conditions d'accès du port de Nantes, au lieu de se prêter à cette exigence, ont continué de s'empirer tant naturellement qu'artificiellement

47. Un port d'attache pour le bassin de la Loire.

Cependant, indépendamment de l'intérêt purement nantais, le vaste bassin de la Loire avec ses onze millions d'hectares et plus, produisant le blé et le vin en abondance, et renfermant même presque tous nos bassins houilliers, mérite bien d'avoir pour débouché à l'ouest sur la grande mer, un port d'attache qui puisse recevoir commodément les navires de tout tonnage ainsi que les paquebots transatlantiques.

48. Et aussi pour ses voisins.

Il n'y a pas, en France, que les départements du bassin de la Loire qui soient intéressés en cette question ; c'est aussi toute la partie supérieure et méridionale du bassin de la Seine, tout le bassin de la Saône, le massif des Vosges et l'Alsace. Ces territoires forment bien, avec le bassin de la Loire, le tiers du sol français. Or, toutes ces contrées trouvent, pour leurs relations océaniques, leur débouché le plus naturel et le plus direct vers l'embouchure de la Loire. Il est donc nécessaire que la ville de Nantes puisse au plus tôt leur offrir le port d'attache désiré, et en de meilleures conditions qu'à Saint-Nazaire.

49. Id. pour l'Europe centrale.

En considérant le port de Nantes au point de vue de ce rôle que seul il est apte à remplir, la question prend une importance plus grande encore qu'il ne vient d'être dit. Il est opportun aussi de trouver ou de créer un point d'attérage convenable pour le trafic des régions centrales du continent avec les pays transatlantiques. Le port de Liverpool est trop reculé pour bien remplir aujourd'hui ce rôle ; celui de Londres est encore séparé du continent par la mer. Le Havre est d'un accès peu commode, et déjà il est encombré, surtout par le trafic de Paris qu'il dessert. Il faut autre chose pour le débouché maritime des contrées plus centrales, comme le bassin supérieur du Rhin, qui comprend le grand duché de Bade, la Suisse et le Wurtemberg, pour le bassin supérieur du Danube qui renferme la Bavière, l'Autriche et la Hongrie. Il n'y a pas jusqu'à la Pologne et la Russie centrales qui ne puissent tirer avantageusement leurs denrées les plus précieuses des côtes de l'Océan, au moyen du transport rapide des chemins de fer.

50.

…les est l'emplacement préférable.

Pour déterminer même *à priori* ce point des côtes occidentales où il conviendrait de placer préférablement le port d'attache central qui est désiré, il suffit de considérer la position avantageuse qu'occupe le port de Nantes près de la grande mer Atlantique. Que l'on tire, en effet, du nord au sud une ligne méridienne, selon l'axe du bassin du Rhin qui est le plus central de l'Europe; que cette ligne qui s'étend de la Hollande aux Alpes maritimes soit coupée à distance égale de ces deux points extrêmes par une autre s'étendant de l'ouest à l'est, cette dernière ligne, à son point extrême à l'ouest, passera sur le port de Nantes, coupant le massif français en deux parties égales, l'une au nord et l'autre au sud, pour aller traverser le cours supérieur du Rhin, puis s'établir sur l'axe même du bassin du Danube, etc. On voit par là que pour le centre de l'Europe, le point d'atterrage de beaucoup le plus prochain, sans être comme point de départ sensiblement plus éloigné que tout autre pris sur la Manche ou sur la mer du Nord, se trouve vers la côte ouest de la France, là où l'Océan rentre dans les terres par le golfe de Gascogne. C'est ici que se trouve le port de Nantes, plus renfoncé encore de quatorze lieues dans l'intérieur de la France. Aucun autre point n'offrirait cet avantage; c'est donc là que doit se trouver le port d'attache continental désiré.

51.

…même pour l'atterrage.

Pour tout navire arrivant d'Amérique, d'Afrique où de l'Inde en Europe, il n'est pas un atterrage aussi facile et aussi peu périlleux que celui qui se fait sur Belle-Ile. Les navigateurs trouvent là un point en vue d'une très grande distance, une mer rarement violente, des abris sûrs et faciles à atteindre. Il est loin d'en être de même pour les navires qui ont à entrer dans le canal de la Manche. Outre qu'ils ont souvent à lutter pour cela contre des vents contraires, ainsi qu'à la sortie, ils ont affaire à une mer très mauvaise dans la saison de l'hivernage : les risques qu'ils courent alors augmentent considérablement les primes d'assurances. Quant aux navires qui doivent continuer leur route dans la mer du Nord, ils sont exposés à tous ces inconvénients et pis, à cause du mauvais temps qui règne particulièrement en ces parages. Il arrivera donc que beaucoup de navires, notamment ceux d'émigration, préféreront atterrir à Nantes et en partir, plutôt que du Havre ou d'ailleurs.

52.

…France, transit du continent.

Un phénomène remarquable s'accomplit dans l'économie des relations du continent avec les pays transatlantiques. Naguère encore, l'Angleterre et la Hollande se trouvaient seules en possession du transit pour l'intérieur. Il n'y avait pas là seulement une abondante source de bénéfices pour ces deux pays, mais un puissant moyen d'influence. L'Atlantique est toujours la voie des importations et des exportations du continent proprement dit; si donc le massif français couvre l'Europe centrale et orientale de ce côté, ce doit être pour servir d'atterrage commun pour les pays qui sont plus reculés vers l'Orient. Ces dispositions étant un effet de la nature, la force des choses tend à ramener le transit continental dans sa voie la plus directe et la plus légitime. Déjà un transit considérable s'opère par le Havre en destination du bassin du Rhin. C'est une nouvelle fonction économique qui incombe à la France. Il importe à l'intérêt français comme à celui de tous, que cette fonction soit remplie aussi complètement que faire se peut. Pour nous mettre donc à même d'offrir aux contrées continentales un transit plus avantageux encore, rien ne conviendra mieux que l'établissement du nouveau port de Nantes, lequel, au moyen de sa ligne de chemin de fer sur Orléans, prolongée *ad hoc* vers l'est, sera directement relié aux bassins supérieurs du Rhin et du Danube.

53. *Gage de paix.*

Une considération d'un ordre supérieur à l'intérêt même du commerce, milite pour faire de la France un pays de grand transit. Notre pays deviendra ainsi nécessaire aux besoins les plus usuels de peuples que l'on a longtemps soudoyés contre nous. En ce temps-là, pour toutes leurs provenances de l'Océan, ces peuples se trouvaient sous la dépendance de l'Angleterre. Il importe d'étendre sur eux l'influence de notre transit, pour qu'on ne puisse plus les armer aussi facilement contre la France, dans l'intérêt de querelles qui leur sont généralement étrangères. Il y aura là un nouveau gage de paix. L'entreprise proposée se trouve ainsi destinée à donner satisfaction aux intérêts les plus généraux, aussi bien qu'à ceux de la ville intelligente qui doit en poursuivre l'exécution.

54. *Question des ports de refuges et des anciennes défenses de terre.*

Au point de vue de la guerre, l'utilité du nouveau canal maritime n'aura pas une importance moindre. Il offrira à la marine militaire comme à la marine marchande, un port de refuge complètement hors d'atteinte de toutes les entreprises de l'ennemi. La pensée initiatrice de l'établissement maritime de Saint-Nazaire fut, dès le premier Empire, l'utilité d'avoir à l'embouchure de la Loire une station militaire, là où il en manquait sur un très grand développement de côtes entre Lorient et Rochefort. Lorsque l'exécution du bassin à flot fut entreprise, il y a quelques années seulement, on ne prévoyait pas le changement radical qui allait si promptement s'opérer dans les conditions de la sécurité des établissements maritimes. Jusque-là les défenses de terre avaient paru suffisantes pour les protéger efficacement contre les attaques des flottes ennemies. Alors, les vaisseaux agresseurs étaient très vulnérables, leurs évolutions lentes et difficilement précises. Le tir était fort incertain et la portée des projectiles médiocre : il en était de même de leur effet dynamique ou incendiaire. Dans ces conditions, les défenses de terre avaient un avantage de supériorité marqué.

55. *Les nouveaux moyens d'attaque.*

Mais voilà que, par l'initiative du génie français, toutes ces conditions se trouvent changées et renversées. Les vaisseaux mus par la vapeur peuvent se présenter instantanément et se dérober de même ; leur manœuvre est prompte et sûre ; leur coque cuirassée peut être considérée comme invulnérable; leurs canons rayés lancent des projectiles giratoires avec une force et une portée double d'auparavant ; la précision du tir est vraiment mathématique; enfin ces projectiles remplis d'une matière incendiaire, font en frappant le but, le double effet du boulet et de la bombe.

56. eur puissance irrésistible.

Devant cette irrésistible supériorité de l'attaque, quelles défenses de terre pourront protéger les établissements côtiers de l'incendie et de la destruction? Par dessus toutes batteries flottantes ou de remparts, les projectiles ennemis viendront incendier les flottes dans les bassins ainsi que les arsenaux adjacents. Il suffira seulement à l'ennemi d'être maître de la mer, ne fût-ce que pendant quelques heures.

57 ous nos ports découverts.

On peut se faire ainsi une idée de ce que nous avons à redouter à la première guerre maritime. A l'exception de Bordeaux, de Rouen et de Nantes, tous nos ports de commerce sont côtiers. Il en est de même de Toulon et de Cherbourg, où se trouve aujourd'hui la station la plus périlleuse de notre marine. Brest même, au fond de sa grande rade intérieure, n'est pas considéré comme étant parfaitement à l'abri de toute insulte, à cause de la largeur du goulet.

58. esoin de ports de refuge.

On voit là qu'il y a bien de quoi inspirer la pensée de *ports de refuge*. On en a déjà beaucoup réclamé. Le journal la *Patrie* a même fait toute une série d'articles sur ce sujet; mais outre que c'est une conception peu ordinaire, les positions favorables pour en établir sont rares. Il y a deux ans, voyant les préparatifs de guerre vraiment effrayants de l'Angleterre et le formidable arsenal de moyens de destruction que cette puissance concentrait dans l'île d'Aurigny, à la porte de Cherbourg, je saisis cette occasion de présenter au gouvernement le projet d'un nouveau port militaire, offrant le double avantage d'être *imblocable*, et en dehors de toute agression possible de la part de l'ennemi. L'emplacement, on ne peut plus favorable, se trouve dans l'intérieur de la presqu'île du Cotentin, qu'il suffirait de couper à la gorge, par un canal maritime passant par Lessay sur la grande Manche, et Carentan du côté de la petite. La disposition naturelle des lieux rend la coupure très facile et les atterrages, d'un côté comme de l'autre, offrent le fond suffisant. Là donc, si une flotte anglaise nous bloquait à une extrémité du canal, nous aurions une issue par l'autre. Il faudrait ainsi deux flottes ennemies pour nous en bloquer une, alors la nôtre tout entière pourrait prendre son temps pour battre séparément chacune des deux flottes ennemies, sans qu'elles pussent se secourir. L'établissement de ce port serait, comme tous les autres progrès en ce genre, une nouvelle garantie de paix (1).

59. e nouveau canal, port de refuge.

La dépense d'exécution d'un tel projet ne pourra guère satisfaire qu'un intérêt purement militaire, tandis que celle qui sera faite pour le *canal maritime à grande section de Nantes à Saint-Nazaire*, tout en ayant spécialement en vue un intérêt commercial de pre-

---

(1) Voyez le compte-rendu de ce projet, dans le *Siècle* du 31 juillet 1860.

mier ordre, aura de plus l'avantage de nous donner un *port de refuge* intérieur, où nos navires de guerre comme ceux du commerce, pourront stationner en parfaite sécurité. Il en sera de même pour les établissements qui se rattachent aux deux marines : ils n'auront à redouter ni la prise, ni la destruction. Parmi les avantages du nouveau projet, le moins heureux n'est pas d'apporter à l'établissement naval de Saint-Nazaire la sécurité qui lui manque ; de plus, il l'offre également complète à tous les intérêts commerciaux. On voit par ce qui précède, combien les intérêts généraux de toutes sortes gagneront à l'établissement du canal maritime proposé.

IV.

La ville de Nantes menacée de perdre son commerce maritime.

Pour que l'on puisse mieux juger des avantages considérables que la ville de Nantes doit retirer de l'exécution du présent projet, il convient d'exposer d'abord quelle serait la décadence de son commerce maritime, si le port restait avec tous les inconvénients de la navigation actuelle.

60. Nantes, port de cabotage.

Jusqu'ici le port de Nantes a tenu son rang dans le développpement de la marine marchande en France ; cependant ses communications avec la mer ont toujours été plus difficiles que celles de nos autres grandes places maritimes. La marine nantaise a dû suppléer à cette infériorité par l'active tenacité et la bonne entente de ses opérations. Il n'en fallait pas moins pour se soutenir comme elle s'est maintenue, au grand avantage de tous. Que l'on juge, en effet, des difficultés qui lui ont été particulières ! Les passes de la Loire ne laissent arriver que les navires du cabotage, et non même sans lenteurs et autres inconvénients. Néanmoins, les négociants de Nantes n'ont jamais cessé d'exploiter la navigation du long-cours.

61. A Nantes, point de long-cours sans gabarage.

Dans l'impuissance de faire aborder aux quais de Nantes des navires même d'un médiocre tonnage, lorsqu'ils sont à pleine charge, on était réduit à les arrêter dans la baie devant Paimbœuf, à treize lieues du port, afin de transborder sur des gabarres où allèges tout l'excès de leur chargement. Ce transbordement et le changement de main qui en résulte sur le restant des parcours, ont toutes sortes d'inconvénients, qui grèvent la marchandise de frais et de déchets notables. C'est une pure perte pour le négociant comme pour le consommateur. La même opération désavantageuse se renouvelle pour le chargement des navires longs-courriers à leur départ. Ce n'est pas trop d'affirmer que le gabarrage est une véritable plaie pour un port.

61. Mauvaises conditions pour Nantes.

Lors du nouvel essor que le commerce maritime a pris partout, il y a quelques années, le port de Nantes s'est trouvé dans une position singulière. La condition première pour participer à ce grand mouvement, sans avoir un désavantage marqué dans la concurrence, était d'accroître de plus en plus le tonnage moyen des navires. Cette exigence était commandée autant par la masse considérablement accrue du trafic, qu'en vue d'une diminution proportionnelle dans les frais généraux. La conséquence en est un profit plus grand, sans gréver d'autant la marchandise. Or, ce mouvement, vrai progrès, tous les principaux ports ont pu le suivre, quand il s'est trouvé comme interdit au port de Nantes. En effet, le tonnage de ses navires longs-courriers ne peut croître, sans augmenter d'autant les inconvénients du transbordement et du gabarrage.

63. De plus, concurrence d'un nouveau port.

Cela fait comprendre comment le commerce nantais a désiré et désire plus que jamais qu'on lui trouve un moyen efficace d'amener à ses quais les navires longs-courriers; mais on a vu que les choses n'ont été que de mal en pis de ce côté. Malheureusement, à cette difficulté s'est venu joindre un désavantage bien plus grave, tellement grave que si la situation se maintenait, le commerce maritime de Nantes se trouverait compromis dans son existence même. L'établissement du port de Saint-Nazaire en avant de Nantes, avec la tête de ligne du chemin de fer sur Paris, a porté sans compensation une notable atteinte au commerce de Nantes. Nous disons sans compensation, parce que l'inconvénient de l'allégement et du gabarrage n'en subsiste pas moins à Saint-Nazaire qu'à Paimbœuf. La longueur du trajet en gabarre n'en est que plus longue et plus coûteuse; et pour surcroît, l'endiguement du chenal du fleuve a rendu le passage moins aisé aussi pour ces embarcations courtes, étroites et peu profondes. Les navires longs-courriers entrent donc dans le bassin de Saint-Nazaire, où ils opèrent leur déchargement soit encore sur des allèges, soit dans des magasins, soit sur les wagons du chemin de fer. C'est ainsi que tout le trafic du long-cours tend à être soustrait de la masse du commerce de Nantes.

64. Saint-Nazaire s'accroît.

Il ne faut pas chercher ailleurs la cause du prompt développement d'une localité qui naguère encore, n'était qu'un petit bourg de campagne. La cause n'en est certainement pas au développement d'un trafic maritime local qui n'existait pas. Mais avec son bassin à flot, Saint-Nazaire, situé à l'entrée de la Loire, est venu remplir une fonction obligée dans le commerce long-courrier de Nantes; il en est comme le port d'attache ou de transbordement. C'est aussi à ce titre que Saint-Nazaire acquiert peu à peu le mouvement des affaires et opérations de détail qui se rapportent à l'armement et au désarmement des longs-courriers nantais. Il paraît devoir y joindre aussi une bonne partie du mouvement de ce genre qui se rattache au cabotage, par suite des difficultés que cette petite navigation trouve elle-même dans le chenal du fleuve nouvellement endigué. Il ne faut pas se le dissimuler, le nouveau port de Saint-Nazaire n'en est pas encore à vivre de sa vie propre : c'est comme un parasite en bonne condition pour absorber l'être sur lequel il se trouve enté. Si donc la situation respective des deux ports restait comme nous la voyons, il faudrait s'attendre à voir la nouvelle place de commerce se substituer plus ou moins tôt à l'ancienne. La marine de Nantes se reporterait à Saint-Nazaire.

64. Nantes déchoit.

Déjà l'effet s'en fait sentir. Toute cette importante partie du commerce de la ville qui se rattache directement ou indirectement à la marine, dans le personnel comme dans le matériel, dans l'industrie comme dans la fourniture, dans l'achat comme dans la vente, s'aperçoit d'une diminution d'affaires qui n'est attribuée qu'au déplacement des intérêts s'opérant sensiblement du côté de Saint-Nazaire. Par exemple, les nombreuses et intéressantes industries qui se rapportent à l'armement et au désarmement des navires, voient leur essor arrêté par des établissements du même genre qui se forment à Saint-Nazaire, où l'on est à proximité de la marine qui ne vient plus à Nantes. Outre ces industries, que de maisons de fournitures diverses et de commerce ordinaire perdent ainsi leur clientèle sur place? Les hôtels du port de Nantes partagent maintenant leurs passagers avec les hôtels de Saint-Nazaire. La foule des gens du port commence à se voir enlever peu à peu le mouvement de navires et de marchandises où elle trouve l'emploi qui la fait vivre. Pour comble, la construction navale quittera aussi Nantes, où cet art précieux florissait autant qu'en aucun autre port. Il faut moins compter déjà sur les navires du plus grand modèle que l'on avait commencé de construire pour l'Etat, parce que l'on a dû prendre trop de précautions, et profiter d'une crue et d'une marée extraordinaire pour faire passer sans encombre le premier qui vient d'être lancé, l'*Allier*, tant le chenal rétréci du fleuve s'est peu amélioré depuis la mise en chantier de ce superbe navire.

65. Peut-on le contester?

La prospérité de la ville de Nantes, comme celle de tous les ports célèbres, a toujours reposé sur la marine. Donc, tout obstacle, toute gène, toute diminution apportée à la navigation, fait sentir son déchet dans toutes les autres affaires commerciales et industrielles. Ce serait en vain que l'on contesterait cette conséquence inévitable. Or, l'optimisme le plus satisfait ne saurait persuader aux Nantais que l'état de la navigation dans leur fleuve est maintenant encore très suffisant pour qu'ils puissent, à l'avenir comme par le passé, faire leurs petites affaires. Pour refuter une telle assertion, il suffit de considérer d'un côté la navigation du fleuve empirée au lieu d'être améliorée, et de l'autre la position rivale et l'avantage que l'on a créés à Saint-Nazaire.

66. Faut-il s'en contenter?

Enfin se trouvera-t-il, même parmi les personnes qui, croyant faire pour le mieux, ont contribué à mettre la marine de Nantes dans la position actuelle, quelqu'un pour prétendre qu'après tout, si cette branche d'opérations vient à être enlevée à l'activité nantaise, son génie et ses capitaux en seront quittes pour se retourner d'un autre côté, la ville, par exemple, se faisant purement industrielle ? Il est difficile de croire que si cette excuse ou cette résignation vient à se produire, elle puisse être goûtée des intérêts qui même ne seraient pas déplacés : parce que tous les intérêts d'une ville sont solidaires en leur prospérité. D'ailleurs, l'issue ici présentée n'est pas aussi facultative qu'on le pense : n'est pas industriel qui veut. Les conditions d'une industrie prospère ne se trouvent pas également partout, et elles se trouvent à Nantes peut-être moins qu'autre part. La vie de manufacture est asservissante et concentrée, tandis que l'activité de notre race bretonne est d'un caractère plus hardi et plus aventureux. Elle a tout le dévouement qu'exigent les entreprises lointaines dont la navigation est l'âme. Quels marins plus hardis et plus résistants à la mer trouverait-on ailleurs? Nous semblons faits pour être les pionniers du monde. Sans parler du grand rôle que remplirent les Armoricains dans les migrations celtiques des temps primitifs, on peut dire que leurs descendants ont pris la part principale dans la fondation de nos colonies modernes. Si l'Inde n'est pas restée une colonie française, ce n'est pas la faute du courage entreprenant des Bretons. Ce sont eux qui, joints aux Normands, ont colonisé le Canada, découvert et exploité les premiers les richesses naturelles des vastes contrées qui forment le bassin du Mississipi. Ils ont été les pionniers de ce paradis du monde, comme l'appellent aujourd'hui les Anglo-américains ; ces derniers n'ont été que les ouvriers de la dernière heure ; et s'ils n'eurent plus qu'à occuper nos premiers établissements, ce ne fut que par l'effet d'une incurie ayant sa source bien ailleurs que dans la colonie même. Ce qu'il importe de développer surtout en Bretagne, c'est la navigation ; toute la France en profitera à l'avenir comme elle en a profité par le passé. D'un autre côté, l'élément capital d'une industrie développée et lucrative, c'est le charbon à bon marché. Or, le charbon convenable fait défaut dans l'ouest de la France : on est réduit à le faire venir d'Angleterre, ce qui met cet élément indispensable à un prix peu favorable à la plupart des industries. On peut bien dire que la ville de Nantes ne saurait pas plus se transformer qu'elle ne doit déchoir.

67. *Question de vie ou de mort.*

Dans la situation critique actuellement faite à la navigation nantaise et dans celle fort avantageuse au contraire que le présent projet vient lui offrir en place, il y a vraiment une question de vie ou de mort. Après avoir cherché vainement la voie de salut dans la création du port de Saint-Nazaire, puis dans l'endiguement du chenal de la Loire, se résignera-t-on à rester sous le coup de ce double échec ? Alors le négoce du long-cours quittera définitivement Nantes pour Saint-Nazaire, et si les armateurs anciens ne quittent pas aussi leur ville pour l'autre comme on les y convie déjà de ce côté, il s'en établira là de nouveaux qui feront les affaires plus commodément à leur défaut. Le cabotage enfin devenu moins praticable qu'auparavant, sera amené à suivre la même voie ; et c'en est fait de tout le commerce maritime de Nantes. D'autres ports en souffriront aussi, car c'est un grand avantage pour tous les pays côtiers du golfe de Gascogne de pouvoir envoyer leurs caboteurs aussi avant dans l'intérieur que le permet la position si convenablement reculée du port de Nantes.

68. Voie de salut, le canal.

Il s'agit, comme on le voit, d'un intérêt capital pour la ville de Nantes. Son commerce maritime sur lequel tout le reste repose, se voit positivement menacé dans son existence. Les efforts infructueux qu'on a faits pour en assurer le maintien, doivent éclairer à présent tous les esprits sur la véritable route à suivre. Ce n'est plus à des moyens purement palliatifs comme les digues que l'on a jetées en rivière qu'il faut recourir, mais à l'emploi d'un remède assez radical pour offrir toute efficacité. Or, ce remède, unique voie de salut pour le commerce nantais, ne saurait être autre chose qu'un canal, pouvant ouvrir à son port un accès facile, large et toujours libre du côté de la mer. Ce canal doit être indépendant des caprices du fleuve et de sa baie; il devra recevoir les navires de tout tonnage et les paquebots transatlantiques, ainsi que les nouveaux navires de guerre, qui ayant beaucoup plus de longueur, calent moins d'eau que les anciens. Il faut enfin que le parcours puisse en être prompt, sans péril et peu coûteux pour les navires. Dans de telles conditions, qui peuvent être complètement obtenues au moyen du projet de grand canal maritime ici proposé, la ville de Nantes au lieu de déchoir, prendra un nouvel essor; au lieu de rester inabordable, elle tirera tout le parti possible de sa position privilégiée dans les atterrages de l'Atlantique; enfin comme *port d'attache*, elle peut s'attendre à n'avoir bientôt plus rien à envier aux ports du Havre et de Marseille, pour la masse de trafic et d'affaires, ni pour rien de ce qui constitue la véritable grandeur : tel est l'objet du chapitre suivant.

V.

Avantages particuliers pour le port de Nantes.

69. Développement de son trafic.

Malgré les mauvaises conditions nautiques dans lesquelles s'est trouvé le port de Nantes, l'activité à la fois sage et entreprenante de ses négociants lui a permis de tirer le meilleur parti possible des plus petites ressources. Non seulement les Nantais ont soutenu le commerce maritime ordinaire, mais encore ils ont su se créer des spécialités, tant pour le transport de certains produits, que pour les opérations industrielles que ces matières doivent subir ensuite. C'est ainsi que le port de Nantes marche au premier rang pour l'importation des sucres bruts; et grâce à des maisons que soutiennent l'art perfectionné, le génie économique et d'immenses capitaux, Nantes est aussi l'un des premiers ports pour l'exportation des sucres raffinés. L'exploitation des engrais est encore une spécialité du trafic de Nantes, qui devient aussi un port à blé tant pour l'exportation dans les années de bonne récolte, que pour l'importation dans les années mauvaises. Depuis que l'industrie et la fabrique se développent dans la région occidentale de la France, l'importation des charbons anglais est de plus en plus considérable, et pour ces spécialités et pour les autres branches du trafic ordinaire. La place de Nantes ne demande qu'à remplir sa fonction dans le développement général du commerce. Que son port soit donc trasnformé de manière à être accessible en tous temps et à des navires de tout tonnage, les branches diverses du commerce prendront un développement qui rendra la cité nantaise de plus en plus florissante, tout comme le Havre et Marseille. A propos de cette dernière place, qui a sommeillé si longtemps par une indolence, disait-on, propre aux Méridionaux, quel développement ne prend-elle pas coup sur coup, sous l'active et intelligente impulsion de ses autorités diverses, montrant à l'envi qu'elles ont le sentiment des destinées de leur cité! Maintenant que peut s'ouvrir pour Nantes la voie d'un avenir inespéré, cette ville trouve devant elle un exemple tout tracé.

70. Nantes port d'attache pour Paris.

Paris, ce corps immense dont l'absorption est si grande en toute espèce de produits, Paris semble, au premier coup d'œil, beaucoup plus près de la mer au Havre qu'il ne l'est à Nantes; mais cela n'est pas autant qu'il parait. Il existe entre le Havre et Paris un trafic de batellerie considérable; et par cette voie, le Havre se trouve à 360 kilomètres en rivière de Paris, tandis que Nantes, par le nouveau chemin de fer direct, ne s'en trouvera pas à plus de 400 kilomètres. La distance ne sera pas plus grande si plus tard, par suite du développement du trafic, on établit de Nantes à Paris un canal de batellerie par le tracé que j'ai conçu. Mais, dira-t-on, la ligne du chemin de fer de Paris au Havre n'a que 230 kilomètres! — Sans doute; mais aussi le point d'atterrage du Havre, s'il est plus près de Paris, se trouve, par cela même, beaucoup plus reculé que celui de Nantes pour tous les arrivages de l'Atlantique. La différence du parcours en mer est ici à l'avantage du port de Nantes, et elle compense bien celle qui existe sur la voie de fer à l'avantage du Havre. Tout d'abord, cela rétablira l'équilibre pour le chemin de fer direct, qui doit s'ouvrir de Nantes à Paris. La compensation est d'autant plus certaine, que les mauvais temps de la Manche, dans la saison d'hivernage, ajoutent à la navigation une charge spéciale de risques qui est à considérer. On peut donc compter que dans les bonnes conditions nouvelles où se trouvera le port de Nantes, il servira de *port d'attache* sur Paris pour une notable portion du trafic. La nouvelle voie d'approvisionnement pour la capitale de la France, qui s'étend sans cesse, sera d'autant moins superflue que le port du Havre se trouve déjà encombré, et que le chemin de fer qui le dessert approche de la limite de sa puissance de transport, malgré la concurrence active que lui fait la batellerie de la Seine.

71. Nantes, port à cotons.

On sait l'accroissement continu de la consommation du coton en Europe, où il est manufacturé pour le reste du monde. La grande part que prend le mouvement de cet article dans le trafic de Liverpool en Angleterre ne contribue pas peu à la prospérité encore sans égale de ce célèbre port. Il manque, pour l'intérieur du continent et de la France, un port moins excentriquement situé que Liverpool et tout aussi accessible aux gros navires cotonniers. Le Havre ne remplit pas suffisamment ces conditions; de sorte que si le nouveau port de Nantes, avec son canal large et profond, vient ouvrir aux navires cotonniers un atterrissement plus commode et plus central, il est appelé à devenir, pour le coton, le Liverpool de la France centrale, de la Suisse, de l'Allemagne méridionale, etc.

72. Nantes, port d'émigration.

Le grand courant d'émigration du continent sort principalement de l'Allemagne et de la Suisse. D'abord il se dirigeait exclusivement sur les ports d'Angleterre, puis il a trouvé au Havre les moyens de passage désirés. Le transport de ces masses de population généralement peu aisée s'opère principalement par des voiliers d'un fort tonnage et plus ou moins rapides. Il ne faut pas faire de doute que, dès le moment où le port de Nantes sera accessible à de tels navires et aura des relations plus suivies qu'à présent avec les pays de destination, il ne reçoive une notable partie du courant d'émigration. Sous le rapport de la proximité avec la Suisse et l'Allemagne méridionale, Nantes peut le disputer au Havre, surtout comme lieu de départ; parce qu'ayant son débouché direct dans l'Océan, les retards et périls de la navigation de la Manche seront évités.

73. Nantes, port de paquebots transatlantiques.

Après s'être longtemps disputé pour savoir où l'on placerait le point d'attache des paquebots transatlantiques, on a reconnu que le continent de la France est assez développé pour en avoir plusieurs. Il n'est aucun port qui soit plus centralement situé que celui de Nantes, c'est ici une condition des plus obligatoires. Aussi la ligne des Antilles, qui paraissait devoir être placée à Brest, a-t-elle été en définitive attachée au bassin de Saint-Nazaire, bien que les ressources matérielles nécessaires pour un service de ce genre n'y existassent pas encore. Certes, il n'y eût pas eu un moment d'incertitude sur le choix du port d'attache de cette ligne, si déjà, par l'exécution d'un canal comme celui-ci, le port de Nantes se fût trouvé accessible aux grands steamers qui sont propres à ce service. L'attache maintenant assurée au bassin de Saint-Nazaire sera comme une accession au port de Nantes, dès que le chemin de la mer par Saint-Nazaire sera convenablement ouvert devant lui.

74. Docks; leurs avantages.

L'économie nouvelle du trafic des ports rend indispensable l'établissement de ce que l'on appelle des docks (du celto-français *touque*), c'est-à-dire, des bassins ayant à quai des magasins pour le déchargement et le rechargement plus commode et moins dispendieux des colis; l'emmagasinage ne présente pas un moindre avantage. Longtemps, chaque négociant a eu ses magasins à lui, plus ou moins séparés de ses navires. On a reconnu qu'il convenait mieux, sous tous les rapports, d'épargner au négociant les soins et embarras multiples que comporte l'emmagasinage. En conséquence, le long des quais des docks on établit des magasins appropriés pour recevoir les diverses espèces de produits. D'après le plan du nouveau port de Nantes, ainsi qu'on peut le voir (Pl. II, fig. 4.), tous les grands bras du fleuve se trouveront transformés en bassins à flot, et la ligne des nouveaux quais où pourront se construire des magasins disposés comme il vient d'être dit, est de plusieurs kilomètres. (Voy. pour le détail ch. X ci-dessous.)

75. Nantes, port modèle de construction navale.

La construction navale, cet art si important pour le commerce maritime, est exercée à Nantes avec autant de talent qu'en aucun de nos plus grands ports; mais n'est-il pas regrettable qu'ici comme ailleurs, on en soit encore réduit au mode barbare de *lancer* les navires pour les mettre à l'eau, de les abattre pour les visiter, et de les virer à terre pour les radouber (1)? Le progrès de l'art exige que l'on puisse avoir des formes éclusées au niveau des bassins et facilement asséchables. Les navires y seraient reçus, visités et radoubés, puis remis à flot comme auparavant. Les positions où de telles formes pourraient s'établir convenablement sont assez rares; mais dans les aménagements du nouveau port de Nantes, il en est un qui doit le doter de cales de construction de ce genre.

76. Force hydraulique de 2,000 chevaux.

L'exécution de ce projet doit procurer à l'industrie nantaise un avantage particulier : c'est la création d'une force hydraulique considérable et très économique, qui sera mise à sa disposition. Le canal de dérivation de la Loire d'Ingrande à Nantes n'aura pas que la seule utilité d'alimenter le canal maritime de Nantes à Saint-Nazaire, il offrira à la batellerie une voie navigable très praticable en tous temps. Avec cela, sa section et sa pente lui permettront de débiter environ 38^{m} cubes d'eau par seconde, et cette masse, par l'effet de la pente réservée d'Ingrande à Nantes, tombera d'environ 6^{m} 85 de hauteur. La force hydraulique ainsi créée sera égale au moins à deux mille chevaux-vapeur. Constante et parfaitement aménagée, elle sera une précieuse ressource pour l'industrie nantaise en différents genres de fabrication. (Voy. le détail, ch. X ci dessous.)

77. La ville de Nantes agrandie et embellie.

Par l'ensemble de tous ces avantages qui seront acquis au nouveau port de Nantes, on peut se faire une idée de l'accroissement que la cité ne tardera pas à prendre sous une si féconde influence. Jusqu'à présent la ville ne s'est développée que sur la rive

---

(1) Il y a environ trente ans, un constructeur de Bordeaux justement frappé de ces inconvénients, prit un brevet d'invention pour une sorte de ber mobile, sur lequel le navire eût été construit, mis à l'eau et retiré de même. Frappé aussi de l'avantage d'un mode de ce genre pour traiter les navires, j'ai pris, il y a quelques années, un brevet d'invention pour un appareil assez différent et plus mobile que celui du constructeur de Bordeaux ; mais rien ne saurait égaler des formes éclusées comme celles qui seront établies à Nantes.

droite de la Loire à cause du bas sol des prairies, trop exposé aux inondations; cela fait qu'elle offre le singulier aspect d'une demi-lune, dont le bras Saint-Félix et la Fosse formeraient la tranche. C'est sur cet axe tout à fait excentrique que s'opère le grand mouvement de commerce, parce qu'il confine au port. Les vastes terrains des prairies ainsi que ceux de la rive gauche de la Loire ne sont pas rattachés suffisamment à la ville, qui a été forcée jusqu'à présent de se développer sur la rive droite. L'exécution du nouveau port comporte des dispositions beaucoup plus avantageuses. La Loire sera rejetée tout à fait en dehors du côté de Pirmil et de Rézé, (Voy. Pl. II, fig. 4). De cette manière, le sol des prairies n'étant plus exposé aux inondations, se trouvera transformé en terrains de ville ordinaires, lesquels se couvriront de constructions. La ville se développant de ce côté, les masses s'en trouveront ainsi beaucoup mieux équilibrées sur son grand axe. En un mot, sa viabilité ainsi que sa décoration doivent gagner infiniment à l'exécution de ce projet. Il suffit, en effet, de jeter un coup d'œil sur le plan ci-joint, pour saisir que le nouveau port, avec ses bras divers ou bassins, anciens et nouveaux, doit donner à la ville de Nantes l'aspect d'une nouvelle Venise, d'une Venise plus grande et mieux aménagée que la reine de l'Adriatique. Pour plus de détails sur cette question, voy. le ch. X ci-dessous.

VI.

Accord des intérêts de la marine, du chemin de fer, des transatlantiques et de Saint-Nazaire avec ceux de Nantes.

78. La marine.

Les entreprises qui sont destinées, comme celles d'un canal et d'un chemin de fer, à donner une certaine direction au mouvement d'un très grand trafic, ne manquent pas d'attirer à elles une notable partie de celui qui suivait les voies existantes; il en résulte une certaine lésion d'intérêts préexistants. Tel est l'ordinaire; mais il est remarquable qu'il n'en sera pas de même ici. Le canal proposé vient se substituer à une voie ancienne, celle de la Loire, peu commode et à l'exploitation de laquelle personne n'est intéressé, si ce n'est la marine pour y passer. Or, comme la marine trouvera dans le canal une voie plus facile sous tous les rapports et moins dispendieuse en définitive, elle n'aura qu'à gagner au change. Le tracé du nouveau canal suit d'ailleurs la même direction que la Loire qu'il côtoie.

79. Le chemin de fer avantage général.

Le canal ne vient pas faire au chemin de fer de Nantes à Saint-Nazaire une concurrence par eau qui n'existait pas, puisqu'il y a la voie du fleuve. Cette concurrence lui est même faite par les allèges des navires déchargés dans le bassin de Saint-Nazaire. Au lieu des allèges, ces mêmes navires viendront à Nantes sans rompre charge. En admettant néanmoins que le trafic des marchandises en diminuât pour le chemin de fer, sans compensation par le trafic personnel qui doit augmenter dans le développement nouveau des affaires, la Compagnie trouvera une immense compensation d'un autre côté. La principale tête de ligne du chemin de fer sur Paris sera encore Nantes, mais Nantes accru d'un mouvement maritime toujours grandissant ; de sorte que le déficit que le chemin de fer éprouverait du côté de Saint-Nazaire , se trouvera compensé dix fois par l'accroissement du trafic sur la ligne de Nantes à Paris. Le surcroît du commerce maritime de Nantes et des affaires qui s'ensuivront, ne tardera pas à porter cette ligne à la limite de sa puissance de transport, comme le sont déjà les lignes du Havre et du Nord. Aussi bien, la ligne de Nantes à Paris par le val de la Loire doit se doubler par celle de la vallée de la Sarthe, qui sera sensiblement plus courte. La Compagnie du chemin de fer d'Orléans est donc particulièrement intéressée à appeler de ce côté une nouvelle masse de trafic; et cette extension ne peut provenir que de l'établissement de Nantes comme port d'attache du bassin central de la France, de la Suisse, etc. La ligne du val de Loire devra être alors prolongée vers l'Est, fonctionnant pour approvisionner les contrées de ce côté; tandis que la ligne plus courte par le Mans et Chartres, recevra plus particulièrement le trafic sur Paris.

80.
antage particulier.

Dans les arrangements nouveaux du port de Nantes, on s'est étudié à consulter la commodité et l'avantage du chemin de fer, qui sera toujours pour la ville l'un des principaux éléments de prospérité. On connaît la vicieuse disposition actuelle de la voie ferrée, établie à niveau sur les quais mêmes, ce qui fait que le mouvement du chemin de fer, celui du port et celui de la ville viennent ainsi se gêner et se contrarier très préjudiciablement. L'art consistait à lever heureusement cette grande difficulté. Cela s'obtiendra en ne déplaçant et n'exhaussant le chemin de fer que de fort peu. On procurera de plus à la Compagnie un emplacement très convenable pour une nouvelle gare, près du centre de la ville, etc. (Voy. Pl. II, fig. 4 ; et pour les détails, le chap. X ci-dessous). Tant par ces avantages généraux que particuliers, la Compagnie du chemin de fer ne peut que bénéficier à l'exécution du canal.

81.
ebots transatlantiques.
ntes position plus cen-
ale.

Le canal maritime ici proposé a été conçu avec sa large section, de manière à offrir un accès facile aux plus grands paquebots transatlantiques. Depuis la présentation de ce projet, le point d'attache de la ligne sur les Antilles et l'isthme de Panama a été fixé à Saint-Nazaire plutôt qu'à Brest. Parmi les considérations qui ont déterminé ce choix, la prédominante a été sans doute la position plus centrale de ce point des côtes de l'ouest. Le même motif militera en faveur du port de Nantes, dès qu'il sera devenu facilement accessible à des navires de dimensions aussi extraordinaires que celles des paquebots transatlantiques.

82.
Relations et ressources supérieures à Nantes.

Outre sa position plus continentale, la grande ville de Nantes, siége d'un puissant commerce maritime, offrira à la Compagnie des paquebots transatlantiques un point d'attache des plus désirables. Les relations d'affaires y sont de toutes sortes et avec tous les pays ; quand sous ce rapport, tout sera long et difficile à créer à Saint-Nazaire. Pour ce qui est des moyens matériels qu'une compagnie de paquebots doit trouver constamment à sa disposition pour l'exploitation d'une ligne de trafic aussi considérable, il est certain que Nantes offrira de ce côté comme de l'autre, toutes les ressources locales dont on pourra avoir besoin.

83.
Avantages pour la Cie transatlantique.

L'exécution du canal de Nantes à Saint-Nazaire aura pour la Compagnie transatlantique deux effets très avantageux : le premier, c'est que l'accroissement considérable du trafic maritime dans le nouveau port de Nantes contribuera singulièrement à accroître la masse de celui qui doit revenir à la Compagnie ; le second avantage sera comme pour le chemin de fer, la faculté d'avoir à sa disposition, dans Nantes et Saint-Nazaire, deux points qui pourront chacun servir de tête de ligne, suivant la convenance de la Compagnie et du commerce ; car il y aura telle partie dont l'attache conviendra mieux à l'un de ces deux ports qu'à l'autre. Par exemple au retour d'Amérique, les paquebots commenceront par confier les nouvelles à la télégraphie électrique de Belle-Ile ; puis en passant l'écluse du canal à Saint-Nazaire, la malle sera débarquée avec les voyageurs les plus pressés pour prendre directement le chemin de fer, et le paquebot n'aura plus guère que deux heures de route à faire dans le canal pour venir prendre terre à Nantes. L'avantage de vitesse en faveur du *train express* du chemin de fer, parcourant 65 kilomètres pour arriver à la gare de Nantes, ne sera pas d'une heure, comparativement à la vitesse du paquebot, qui aura à parcourir concurremment les 54 kilomètres du canal pour arriver à son dock de Nantes. Il n'y aura aucune différence de vitesse avec les trains de voyageurs ordinaires. La différence serait-elle plus grande, qu'elle n'importerait aucunement contre l'immense avantage d'avoir le principal point d'attache dans une ville comme Nantes. Les passagers et les négociants y trouveront mieux leur convenance. Tout démontre ainsi que l'intérêt de la Compagnie des paquebots transatlantiques s'accorde avec celui du port de Nantes pour l'établissement de la voie nouvelle.

84.
Saint-Nazaire et Nantes.

Il reste à examiner si l'intérêt particulier de Saint-Nazaire n'est pas aussi engagé que celui de Nantes à l'exécution d'un canal reliant ces deux ports. Il faut considérer le cas où les choses suivraient leur cours actuel dans la distinction rivale des deux intérêts, et celui où les deux ports étant unis par le canal, devront concourir forcément au développement l'un de l'autre.

85.
Saint-Nazaire sans Nantes.

On peut bien prévoir que si la position respective des deux villes reste ce qu'elle est, le commerce maritime de Nantes déchoira de plus en plus; mais est-il certain que Saint-Nazaire gagnera tout ce que Nantes aura perdu, et se développera plus isolé de Nantes, qu'en communauté de port avec cette ville? — Non; le commerce maritime pourra bien décroître à Nantes, sans que pour cela les éléments de sa prospérité se transportent à Saint-Nazaire. Ces éléments sont : une position en rapport direct avec la navigation fluviale de l'intérieur, des relations créées, des capitaux considérables, l'intelligence et la pratique des affaires, un personnel d'armateurs et de tout ce qui se rattache au commerce maritime, etc. Une place de commerce est comme un fonds ordinaire, qui ne peut se déplacer sans perdre par cela même sa raison d'être. La plupart des forces productives du négoce de Nantes tendront à prendre une autre direction, et les capitaux à s'immobiliser. Le port de Saint-Nazaire, sans Nantes, sera réduit à ses ressources propres; et les capitaux, ainsi que les relations des grandes maisons, ne s'improvisent pas. Il faut de plus un port vaste et commode, un nombreux personnel en tout genre d'application. Tout centre de population un peu important doit être bien fourni d'eau, et Saint-Nazaire en manque absolument. On est réduit à aller aiguayer pour la ville comme pour la marine, à plusieurs lieues vers l'amont de la baie, où l'on ne puise encore que de l'eau un peu saumâtre; on ne saurait prendre celle des marais. Enfin un inconvénient capital, c'est l'envasement constant du bassin actuel qui s'alimente avec les eaux excessivement limoneuses de la marée. Les navires n'y peuvent guère se mouvoir, et restent le plus souvent échoués dans la vase. Le second bassin projeté doit-être dans les mêmes conditions; et sous le rapport de la surface d'eau, il ne tardera pas à être encombré comme le premier, etc.

86.
Saint-Nazaire avec Nantes.

Toutes ces mauvaises conditions doivent changer avec le canal maritime : d'abord, Saint-Nazaire aura en abondance de l'eau excellente. L'état du bassin sera tout autre : il n'y aura plus d'envasement par la marée, puisqu'elle ne sera pas reçue dans le canal; l'espace ne manquera pas, puisque le bassin se trouvera indéfiniment prolongé. Au lieu du nid à vase qui forme l'entrée actuelle du port, il y aura un avant-port commode et non exposé à l'envasement, etc. (Voy. ce détail, ch. VII ci-dessous). Saint-Nazaire trouvera en tout cela des conditions nautiques et autres, toutes nouvelles. Sans doute, les navires qui allégent ou déchargent à Saint-Nazaire pour Nantes, viendront ici directement; mais tous n'en seront pas moins obligés de passer par Saint-Nazaire, et les caboteurs eux-mêmes qui n'y passent pas; car la navigation dans le canal sera bien plus prompte et moins onéreuse que dans le chenal actuel de la rivière.

87.
Le canal concilie tous les intérêts.

Avec le canal, Saint-Nazaire aura comme Nantes le moyen de se développer par les ressources qui lui seront plus particulières, aidées du contact de tous les éléments de prospérité qui se trouveront sur l'étendue du canal; car toutes les localités intermediaires concourront et participeront aux avantages communs. Les navires et les marchandises iront et s'arrêteront là où il conviendra le mieux, tant pour l'intérêt général que particulier. Avec le canal, on rentre dans les conditions premières qui furent la raison d'être du bassin de Saint-Nazaire; il deviendra proprement l'*avant-port* de Nantes. Le canal ne formera qu'un même bassin entre les deux ports; et si ce n'est pas Nantes qui doive aller à Saint-Nazaire, Saint-Nazaire pourra du moins s'étendre jusqu'à Nantes, et en faire partie en quelque sorte. Les intérêts deviennent communs au lieu de rester, comme ils le sont déjà, dans un état de rivalité dont l'exaspération croissante donnerait lieu à des récriminations sans fin. C'est ainsi que la nouvelle entreprise peut concilier tous les intérêts préexistants avec les nouveaux.

VII.

Description du projet. — Canal maritime de Nantes à Saint-Nazaire.

88. Ouvrages divers.

Le projet comporte l'établissement des quatre ouvrages suivants :

1° Le grand canal maritime de Nantes à Saint-Nazaire;

2° L'annexe d'une rigole qui longera la rive droite du canal, pour l'écoulement séparé des étiers;

3° L'annexe d'un canal ordinaire, dérivé de la Loire à Ingrande, pour alimenter le canal maritime, servir à la batellerie et créer à Nantes une force hydraulique égale à deux mille chevaux-vapeur;

4° Le plan du nouveau port de Nantes.

89. Conditions désirées.

Un canal maritime comme celui-ci doit offrir un *grand tirant d'eau* pour les navires d'un fort tonnage, et une *grande largeur* pour que l'on y puisse remorquer facilement et naviguer à toute vapeur. Ces deux conditions requièrent une section bien plus développé que celle des canaux ordinaires. Dans l'exécution de ceux-ci, la masse du travail et partant la dépense, croît comme le carré de la section d'eau du canal. L'art doit donc consister, pour un canal maritime, à obtenir l'accroissement de la section, sans que la masse du travail doive croître en proportion. Pour cela, il faut profiter de la disposition naturelle des lieux, de manière à réduire de beaucoup la masse des déblais et des remblais; et si de plus, on peut s'établir sur des terrains libres que l'on ne soit pas obligé d'acheter, on se trouvera dans toutes les conditions désirables pour que la dépense d'un canal maritime n'excède pas trop celle d'un chemin de fer. Telles sont les conditions générales que l'on a eues en vue dans la conception du présent canal. Ces conditions sont remplies, ce qui distingue ce projet de tous ceux qui ont été présentés; il y en a d'autres particulières qui ne sont pas moins avantageuses.

90. Peu de terrains à acheter.

Pour n'avoir donc que très peu de terrains à acheter, la zône nécessaire à l'établissement du canal est prise presque partout sur le lit même du fleuve et de sa baie. On peut ainsi donner au canal toute la largeur désirée sans plus de dépense.

91. Id. à creuser.

Ce choix d'une cavité naturelle pour le tracé du canal, procure un autre avantage non moins considérable : c'est de n'avoir que peu de profondeur à creuser.

92. Grand tirant d'eau.

Pour obtenir un grand tirant-d'eau, une heureuse disposition réduira encore la profondeur à creuser, ainsi qu'il est expliqué, art. 98.

93. Une paroi à construire au lieu de trois.

On saisira l'avantage de ces dispositions si l'on considère que, des trois parois qui forment la cuvette d'un canal, les deux berges et le fond, on n'en aura guère qu'une à établir, celle de la digue qui doit séparer le canal du fleuve ou de la baie.

94. Partie du travail toute faite.

Il se trouve, de plus, que la digue du large formant la berge gauche du canal, n'aura pas besoin d'être construite, là où l'on peut s'appuyer sur des îles, lesquelles offriront une digue toute faite.

95. Tracé. La Loire rejetée sur la rive gauche.

Le canal maritime part de la prairie de Mauves à l'amont de Nantes, ainsi qu'on peut le voir en rouge sur le plan (Pl. I, fig. 2), et sur le plan du port de Nantes (Pl. II, fig. 4). Là sera établi un barrage à vannes, servant aussi de pont, afin de rejeter le bras droit de la rivière dans le bras gauche de Pirmil, qui sera agrandi, de manière à donner à l'écoulement des eaux, dans les crues, un débouché supérieur au débouché actuel. Ce bras doit-être barré lui-même à l'aval du pont de Pirmil et de la Sèvre. Là, un nouveau lit sera ouvert à la Loire le long du Seil-de-Rézé, ainsi qu'il est indiqué ponctué en rouge sur le plan.

96. Les bras transformés en bassins à flot.

L'avantage de cette disposition est de former des divers bras de la Loire à Nantes, autant de bassins à flot, qui constitueront un port tout creusé et d'une très grande superficie.

97. Les trois positions du tracé.

De l'amont de Nantes à Saint-Nazaire, le tracé du canal se trouve en trois positions :

1° Sur les 58 kilomètres de longueur, il y en aura au moins 18, c'est-à-dire près du tiers, qui se trouveront à peu près tout faits au moyen des îles.

2° On n'aura à construire la digue du large que sur 32 kilomètres de longueur.

3° Les huit kilomètres restants seront en déblai ordinaire dans le terrain diluvien ou d'alluvion des prairies. La première tranchée passera entre la Haute et la Basse-Indre et le chemin de fer; la deuxième, longera la côte, de l'île Thérèse à l'étier de Vaire; la troisième coupera le sol entre Donges et la station du chemin de fer. (Voy. le profil et le plan, Pl I, fig. 1, 2).

98. Plan d'eau, profondeur.

Le plan d'eau dans le canal pourra être maintenu à la hauteur que l'on voudra, soit par exemple à 3m au-dessus de *zéro* du *Ligéromètre* du pont de la Bourse, point qui marque l'étiage, c'est-à-dire le niveau des basses eaux de la Loire en été. Ce point est à 0m 68 au-dessus du niveau moyen de la mer, qui est marqué sur le profil par une ligne hachée en noir, et à 3m 68 au-dessus de zéro de l'échelle des marées à Saint-Nazaire, point qui correspond là au niveau des plus basses mers. C'est à ce dernier *zéro* que les cotes de hauteur du profil sont rapportées. On peut juger de la profondeur qui résulte de la tenue du plan d'eau à 3m au-dessus de l'étiage à Nantes, soit à 6m 68 au-dessus du zéro de Saint-Nazaire, en suivant sur le profil la ligne ponctuée en noir, qui représente à peu près les inégalités du fond de la Loire le long du parcours du canal. On voit ainsi, par exemple, que le fond du port de la Fosse étant à la côte—0m 20, et le plan d'eau à 6m 68, il en résulte une profondeur tout d'abord acquise de 6m 88. Pour avoir donc 7m 50 de hauteur d'eau dans le canal, il suffira d'établir le fond à la cote—0m 82, par où passe la ligne rouge qui marque ce fond. On n'aura à déblayer que la tranche qui se trouve entre cette ligne rouge et la ligne ponctuée en noir, qui indique au-dessus les fonds actuels de la Loire ; c'est fort peu. (Pl. I. fig. 1).

99. Largeur du canal.

Il n'importe pas que la largeur du canal soit uniforme; elle variera, comme on le voit sur le plan, selon les conditions du tracé. Elle sera moyennement de 150 mètres ; et il n'y aura que dans les tranchées où le canal pourra n'avoir que 75 mètres de largeur. Dans toutes ces conditions, la navigation à vapeur et le remorquage des navires à voiles seront d'une pratique facile.

100. Digues hollandaises.

La digue séparant le canal de la rivière et de la baie sera construite à la manière des digues hollandaises, qui défendent les *polders*, dont le sol fertile a été conquis sur la mer. Le sable et la vase pris sur place avec de la paille et des fascines, en sont les matériaux. Leur principale défense contre les coups très violents de la mer du Nord, consiste dans la grande inclinaison donnée à leur talus extérieur, laquelle peut aller jusqu'à 10 mètres de base pour 1 de hauteur. Cette forme aplatie ne donne pas de prise au déferlement de la vague qui, en remontant un talus longuement incliné, y expire insensiblement. On peut voir le même effet sur la plage inclinée où l'on prend les bains au Pouliguen. Le profil de sable fin et très mobile qui la recouvre est à peine ridé par les plus fortes vagues. Ces digues tiennent très bien l'eau sous la pression des hautes marées, qui est d'au moins 6 mètres et égale à celle de l'eau dans le canal projeté. Le sable argileux est un remblai naturellement étanche, en même temps que l'épaisseur de la digue met un autre obstacle aux filtrations. On n'a donc pas besoin de défenses spéciales; par exemple, d'un corroi intérieur, qui est nécessaire, quand on ne saurait donner au corps d'une digue le développement suffisant. Toutefois, on y recourra là où il y aura lieu.

101. Digue du canal.

L'espace ne manquera pas ici pour établir une épaisse digue; et le sable et la vase sont sur place. La fig. 3 de la pl. I, représente la section transversale du canal établi sur l'estran ou partie découvrante du bord de la baie. On y voit aussi la section de la digue encaissante. Le talus extérieur en est incliné à 8 mètres de base pour 1 de hauteur; le talus intérieur l'est dans la proportion de 3 pour 1. Cette digue offre 12 mètres de largeur en crête et 105 mètres d'épaisseur à la base. Cette masse pourra être réduite; car elle est supérieure à celle que des infiltrations pourraient pénétrer sous la pression la plus grande de l'eau dans le canal, au moment des basses mers. Les lignes **a, b, c,** marquent les niveaux, supérieur, moyen et inférieur de la marée au droit de la digue. Au reste, la forme de la digue subira les modifications qui pourront être nécessaires en certains passages, par exemple en rivière. Construite dans un estuaire intérieur, elle ne sera pas en butte aux coups d'une mer violente; et les parties qui se trouveraient exposées à un fort courant, seront défendues par des épis et des enrochements.

102. [Éc]luses de communication avec la rive gauche.

Afin de procurer aux localités de la rive gauche de la Loire et de la baie la faculté d'user du nouveau canal, des écluses de communication seront établies à proximité de Paimbœuf, du Pellerin et d'Indret, et de plus à Nantes.

103. [Ca]nal d'un seul bief et sans pente.

Le canal ne formant qu'un seul bief de Nantes à Saint-Nazaire, ces deux villes se trouvent sur le même plan d'eau, en communication de la manière la plus désirable. Le nouveau port de Nantes s'étendra ainsi jusqu'à Saint-Nazaire, et *vice versâ*. Le canal n'a qu'une faible pente de fond; et comme il n'y aura d'autre mouvement que celui nécessaire au renouvellement des eaux, la vitesse de l'eau n'y est pas à considérer.

104. Nouveau port de Saint-Nazaire.

On voit sur le plan que le canal débouche dans le bassin de Saint-Nazaire par les terrains du nouveau bassin projeté; mais les communications du bassin avec la mer doivent être considérablement améliorées. Premièrement, les eaux boueuses de la marée ne seront plus reçues dans le bassin; il n'y aura donc plus lieu à l'envasement. Secondement, l'entrée sera toute différente. La jetée actuelle, par son prolongement en mer, forme deux angles fermés avec le rivage, lesquels déterminent des remous dont l'effet est d'envaser surtout la passe du bassin. Cette jetée sera supprimée et remplacée par une autre dirigée en sens contraire, à environ 200 mètres du rivage, de manière à former un avant-port qui sera ainsi abrité contre les vents régnants du Sud-Ouest, et où déboucheront commodément les deux ou trois écluses du canal. (Voy. le plan). Le flot qui vient de la côte de *bonne anse* pénétrera directement dans la baie, sans donner lieu à des remous envasants ; et le jusant sortira directement de même. A moins de telles dispositions, on serait obligé de reporter l'entrée du canal le long de la côte, jusqu'à la pointe de l'Eve et au banc de la *traverse des Charpentiers,* comme il est et sera toujours possible de le faire ; de sorte que l'entrée du canal, pour les plus grands navires, est à jamais garantie du côté du large, ce qui est un point fort important.

105. Dépense d'eau. Alimentation du canal.

La dépense d'eau pour un tel canal sort des approvisionnements ordinaires. Les éclusées pourront exiger un mètre cube d'eau et demi par seconde, soit 129,600 mètres cubes par jour. L'évaporation, en été, n'absorbera guère qu'un demi-mètre cube d'eau par seconde, soit 43,200 mètres cubes par jour, ce qui équivaut à une tranche d'environ 0^{m} 004 de hauteur, sur une superficie de mille hectares ou dix millions de mètres carrés que pourra avoir le canal. Cela fera deux mètres cubes d'eau par seconde ; mais il faut ajouter la perte par les filtrations, qui dans les commencements est plus ou moins considérable. On sait que tous les canaux s'étanchent naturellement ou artificiellement, et que lorsqu'il se produit des fuites de fond, on a de prompts moyens d'obturation. Pour alimenter donc le canal, l'Erdre avec sa grande surface d'évaporation, ne donne pas d'écoulement en étiage, et la Sèvre en offre à peine. On ne pourrait s'alimenter là qu'en faisant des réserves considérables. Le plus sûr est de prendre dans la Loire le volume d'eau nécessaire à l'alimentation du canal maritime, 5 à 10 mètres cubes d'eau par seconde, s'il le faut. Tel est l'objet du canal de dérivation de la Loire d'Ingrande à Nantes, qui est exposé ch. IX ci-dessous.

106. Mise à sec, curage.

Le canal ne recevra de l'eau trouble qu'alors qu'il servira d'exutoire au trop plein des grandes crues de la Loire. Sous ce rapport, il n'aura besoin d'être curé que très rarement. Néanmoins, il est bon de pouvoir vider facilement un canal pour le nettoyer ou réparer. A cet effet, un barrage à pertuis sera établi vers l'extrémité du canal, à l'amont du second bassin de Saint-Nazaire, de manière qu'on n'aura qu'à ouvrir ces pertuis à mer basse pour vider le canal, dont le fond sera un peu au-dessous des basses mers. Dans ces rares moments, les navires se tiendront à flot dans le bassin de Saint-Nazaire, qui sera isolé à cet effet. A Nantes, ils se réfugieront les uns en Loire, les autres dans le bassin d'arrivée du canal d'Ingrande, coté n° 9 ; sur le plan, Pl. II, fig. 4, où ils resteront de même à flot.

107. Exécution.

Enfin, les travaux d'exécution seront conduits de manière que la navigation actuelle ne soit gênée ni avant ni après.

108. Comparaison.

C'est ainsi qu'au moyen de travaux simples dans leur nature, sans être excessifs dans leur masse totale, on aura un canal maritime d'un seul bief entre Nantes et Saint-Nazaire. Ce canal sera parfaitement aménagé, profond et surtout large comme il n'y en a pas encore. Il n'existe que deux canaux maritimes ayant de six à sept mètres de profondeur : ce sont le canal Calédonien qui traverse toute l'Ecosse, et le canal du Helder qui relie la ville d'Amsterdam à la mer du Nord. Ces deux ouvrages, construits avant que l'on eût l'idée du remorquage à vapeur, n'ont, comme les petits canaux ordinaires, que la largeur nécessaire au croisement de deux navires; tandis que la moindre largeur du canal de Nantes sera quadruple, et sa largeur moyenne sept fois plus grande. Cependant ce dernier ne coûtera pas plus à établir par kilomètre que chacun des autres, et cela par l'avantage de sa conception, qui tire parti de toutes les dispositions naturelles. Quant aux passages d'une rive à l'autre, ils se feront par bacs ou ponts tournants, là où il conviendra.

VIII.

Rigole d'assèchement des terrains de la rive droite.

109. Raison d'être.

Le canal maritime devant longer la rive droite de la Loire et de la baie depuis Nantes jusqu'à Saint-Nazaire, il faudra, pour ne pas intercepter l'écoulement des étiers et maintenir les marais de la rive droite en meilleur état d'assèchement qu'ils ne sont, établir le long du canal une rigole pour l'écoulement des eaux provenant de ce côté. Cette rigole est à deux versants, dont le point de partage se trouve près de Chantenay, ainsi qu'on en peut voir le profil ponctué en rouge sur le plan, Pl. I, fig. 1.

110. A Nantes, c'est un égout.

Du côté de Nantes, cet exutoire formera un *égout collecteur* de tous les autres de la ville, y compris la Chésine et ceux qui jettent leurs eaux sales dans le bras inférieur de l'Erdre. Cet égout collecteur longera le bas port de la Fosse et les autres quais pour aller recevoir, en amont de la ville, le petit seil de Pont-Robert et venir se décharger ensuite dans la Loire, à la prairie de Mauves, en tête du canal maritime, comme on le voit sur le plan du nouveau port de Nantes, Pl. II, fig. 4.

111. Pente et passage sous l'Erdre.

Pour ne pas couper la communication de l'Erdre avec le nouveau canal, l'égout collecteur passera par dessous le débouché de l'Erdre, comme on le voit au profil, Pl. 1, fig. 1. De Chantenay à ce passage, la pente de l'égout est au 0^m 00042, soit 0^m 42 par kilomètre, pente bien plus que suffisante pour le facile écoulement des eaux. De l'Erdre au débouché de l'égout en Loire, la pente est au 0^m 00018, ce qui suffit encore. La hauteur de l'égout sous clé, à ce passage, est de 1 mètre. On ne donne pas ici plus de hauteur ni de pente, parce qu'on suppose que le plus bas niveau des eaux de l'Erdre, qui est de 0^m 55 plus élevé que le plan d'eau du canal maritime, sera abaissé d'autant, afin qu'il y ait communication sans écluse entre les deux, ce qui est à désirer. L'égout débouche en Loire, à la prairie de Mauves, à la cote 3^m 44 de son radier. L'étiage du fleuve est ici vers la cote 3^m 94, quand le *zéro* qui marque ce point au pont de la Bourse, près de trois kilomètres plus bas, est à 3^m 68 seulement au-dessus des basses mers. Le débouché de cet égout sera fermé en temps d'inondation, afin que les grandes crues de la Loire ne refluent pas par ce conduit, qui se dégorgera alors dans le canal.

112. Avantage de salubrité.

L'établissement d'un tel égout aura un grand avantage de salubrité pour la ville. Le port ne recevra plus les eaux sales que la marée remonte à Nantes deux fois par jour comme à Londres, et où sont puisées les eaux qui servent à l'alimentation de la ville. La Compagnie des eaux pourra prendre les eaux plus pures du canal de dérivation d'Ingrande à Nantes, lesquelles seront surélevées de six mètres ; ce sera autant de moins pour les élever.

113. Longueur et pente de la rigole.

La rigole d'assèchement des terrains de la rive droite longera de plus ou moins près la berge droite du canal. (Voy. Pl. I, fig. 2). De son point de départ près de Chantenay à son débouché en mer à Saint-Nazaire, elle aura 51 kilomètres de longueur, avec une pente courante d'environ 0^m 00012, soit 0^m 12 par kilomètre. (Voy. le profil, Pl. I, fig. 1). L'écoulement des eaux y sera suffisamment rapide.

114. Section, débit.

Vers son origine, la rigole ne formera qu'un petit fossé dont la section d'écoulement croîtra au fur et à mesure des petits ruisseaux qu'il recevra. Ce ne sera que près de son extrémité que la rigole en recevra un plus considérable, le Brivet qui draine à peu près les deux tiers des versants de la rive droite de la Basse-Loire, dont la superficie est d'environ 60,000 hectares. Comme ce sont des terrains généralement plats où les eaux ne s'écoulent pas rapidement et où elles stagnent en débordant, on peut admettre que dans les plus grandes eaux, 1,000 hectares ne fourniront ici que 1 mètre cube d'eau à écouler par seconde ; ce qui, pour les 60,000 hectares du bassin, donne un volume d'eau de 60 mètres cubes par seconde. Sur ses trois derniers kilomètres, la rigole ne sera que la prolongation du Brivet, dont la section sera un peu agrandie. Dans ces conditions, la section de la rigole suffira tant pour l'emmagasinement des eaux, que pour leur débouché à marée basse. La petite navigation qui se fait dans cet étier et autres, sera maintenue en communication avec le canal ; et des passages seront établis d'une rive à l'autre.

115. Débouché de la rigole.

Le débouché en mer sera établi à l'ouest de Saint-Nazaire, au moyen d'un ouvrage à vannes qui s'ouvriront à marée basse pour l'écoulement des eaux et se fermeront à marée montante, afin que l'eau ne remonte pas dans les étiers, ce qui nuit à l'assèchement des terrains qu'ils drainent. Le niveau de l'eau sera ainsi maintenu assez bas dans les étiers pour que le sol puisse évacuer son excès d'humidité. L'eau sera bien à deux mètres au-dessous des plus bas marais de la Brière, dont le sol n'est guère qu'à 3m 75, soit 0m 75 au-dessus du niveau moyen de la mer. (Pl. I, fig. 1). Ce notable avantage en procurera un autre.

116. Irrigation des marais desséchés.

Le plan d'eau dans le canal, étant à 6m 68, se trouvera de 3m 33 plus élevé que ces plus bas terrains. Cela permettra d'irriguer environ 10,000 hectares de sol asséché, dans les marais de la Brière, de Donges, etc. La superficie pourra être doublée si l'on élève les eaux de 2 à 3 mètres seulement; ce qui sera aisé et peu coûteux, au moyen d'une force hydraulique résultant de la chute de l'eau du canal dans la rigole.

117. Jonction avec le canal de Bretagne.

Il y aura lieu d'examiner en même temps s'il ne conviendrait pas de relier le canal maritime avec le canal de Bretagne, par une branche dérivée qui, longeant le bassin du Brivet, pourrait approcher à niveau, assez près du seuil étroit de Quilly, de l'autre côté duquel passe le canal de Bretagne dans la vallée de l'Isac. L'obstacle qu'on rencontre là ne semble pas infranchissable.

118. Utilité industrielle de la rigole.

En longeant de plus ou moins près le canal, la rigole formera un ruisseau qui pourra avoir une grande valeur industrielle. Le niveau de l'eau y étant sensiblement plus bas que dans le canal maritime, elle servira de canal de fuite aux usines qui s'établiront entre les deux. Ces usines pourront ainsi prendre leur eau d'industrie au canal et l'évacuer avec la même facilité. Il y aura là l'emplacement le plus favorable pour des tanneries, peausseries, papeteries, teintureries, blanchisseries et fabriques diverses. Ce sont de pareils petits cours d'eau qui font la richesse de certains quartiers des grandes villes industrielles. Tout cela montre que cet ouvrage indispensable au projet ne sera pas une charge pour l'entreprise.

IX.

Canal d'alimentation, d'Ingrande à Nantes.

119. Raison d'être.

Le canal de dérivation de la Loire a la triple destination d'alimenter le canal maritime, de servir à la batellerie ordinaire et d'amener à Nantes un volume d'eau devant procurer, par la hauteur de sa chute, une force hydraulique considérable.

120. Tracé.

La prise d'eau est à un kilomètre en aval d'Ingrande, là où le faux bras de la *Boire torse* se détache du petit bras droit de la Loire. (Voy. le plan, Pl. II, fig. 2). Le tracé du canal suit d'abord cette boire, puis il longe le chemin de fer de plus ou moins près, se tenant entre lui et la rivière et passant par Ancenis, Oudon, Mauves, pour venir déboucher dans le canal maritime, à l'amont de Nantes, comme on le voit sur le plan.

121. Longueur du canal et de ses parties.

Ce canal a 50 kilomètres de longueur sur un terrain de prairies très favorable, si l'on en excepte environ quatre kilomètres seulement, où le chemin de fer vient serrer de si près la berge de la Loire, que le canal devra être établi plus ou moins en rivière; ce qui se fera au moyen d'une digue de séparation, comme pour le canal maritime.

Le canal pourra être établi dans les petits bras du fleuve, sur environ 16 kilomètres du tracé : là, il n'y aura pas de terrains à acheter ni beaucoup à faire.

Les 30 kilomètres restants seront en déblai sur la première partie du tracé et en remblai sur la dernière, ainsi qu'on peut le voir sur le profil du canal, Pl. II, fig. 1. Les cotes de hauteur y sont rapportées au *zéro*, point des basses mers à Saint-Nazaire, lequel se trouve à 3 mètres au-dessous du niveau moyen de la mer.

122. Prise d'eau.

La disposition des lieux favorise la prise d'eau qui se fera :

1° Au moyen d'un barrage mobile, dans le genre de ceux construits en Seine, de manière à maintenir l'eau du fleuve à 1m 25 au-dessus de l'étiage en basses eaux, et à laisser tout le débouché libre dans les crues. La Loire étant divisée en deux bras, le barrage sera en deux parties : la première établie en tête de l'île d'Ingrande, pour barrer le grand bras du fleuve (Voy. Pl. II, fig. 2); la seconde partie sera établie dans le bras droit pour le barrer au dessous de la prise d'eau placée à l'entrée du faux bras de la *boire torse* dans les prairies.

2° Là un barrage à vannes sera disposé sur le bord du fleuve, afin que le courant vienne défiler le seuil de ce barrage, sans pouvoir entrer de fond dans le canal, mais seulement en y déversant de côté par-dessus le seuil submergé. De cette manière, les sables qui sont charriés de fond, ne pouvant pénétrer dans le canal de dérivation, suivront le courant ordinaire.

123. Défense contre les crues, levée de garde.

On empêchera tout excédant d'eau d'envahir le canal par l'occlusion des pertuis de la prise d'eau. On ne recevra jamais ainsi que le volume qu'on voudra débiter. Les inondations seront contenues par la berge gauche du canal, dont le couronnement sera tenu sur tout le parcours, à environ 8 mètres au-dessus de l'étiage, niveau qui n'est pas atteint. Le talus extérieur de cette levée sera défendu par des plantations ou par un perré là où il conviendra.

124. Digue.

Une digue sera établie en rivière, là où le canal resserré par le chemin de fer devra y être porté. Elle sera revêtue d'un perré, dont le pied sera défendu contre le courant par des enrochements, etc. Le perré de la digue de la Divate qui défend les prairies de l'autre côté de la Loire, n'a pas de défenses particulières. La digue aura, de plus, un corroi ou diaphragme intérieur parfaitement étanche. (Voy. Pl. II, fig. 3, la section du canal en ces passsages.

125. chemin de fer défendu par le canal.

On voit par la même figure que le remblai du chemin de fer va se trouver garanti par le canal de toute atteinte des inondations, soit que le canal s'y appuie, soit qu'il s'en écarte.

126. ction, périmètre mouillé, pente, vitesse, débit.

Ce canal doit servir à la navigation fluviale ordinaire et admettre le remorquage à vapeur par touage ou autrement. Il convient en même temps qu'il amène un volume d'eau qui sera très utile à l'industrie ; la section du canal doit ainsi dépasser celle des canaux ordinaires. La largeur moyenne est de 30 mètres, avec une profondeur de 3 mètres.

D'après cela, la *section* d'écoulement S = 90 mètres carrés.

La largeur au fond étant de 24 mètres, et les talus inclinés à 2 de base pour 1 de hauteur, le *périmètre mouillé,* c = 37, 6 mètres.

La *pente,* P = 0m 00003, soit 0m 03 par kilomètre seulement.

En conséquence, la *vitesse* moyenne *v* de l'eau dans le canal = 0m 43 par seconde, ainsi que le donne la formule $v = 51 \sqrt[2]{\frac{PS}{C}}$ (1).

Maintenant, la *section* 90m carrés, étant multipliée par la *vitesse* moyenne obtenue 0m 43, donne le débit D = 38m cubes 877 litres par seconde. Telle est la portée du canal.

127. bit minimum de la Loire.

Dans ses plus basses eaux d'étiage, la Loire débite encore environ 100m cubes d'eau par seconde : on pourra donc y puiser les 38m cubes qui ne forment que les 2/5 du débit total. Comme on substituera par le canal une voie navigable très avantageuse à celle de la Loire, qui est peu praticable pendant la plus grande partie de l'année, il y aura avantage plutôt que préjudice pour la batellerie.

128. emière section d'un canal sur Paris.

Il faut considérer à ce propos, que le remorquage s'opérera par le touage à vapeur avec célérité, et que ce canal ne tardera probablement pas à être prolongé jusqu'à Angers. Outre l'avantage de la navigation, la ville d'Angers, si elle se rattache au canal, verra diminuer de 1 à 2 mètres la hauteur du remous des inondations du la Loire

---

(1) Cela signifie que, pour avoir la *vitesse* moyenne par seconde de l'eau dans un canal, il faut :

1° Multiplier la *pente* du canal par mètre, par sa section en mètres carrés ;

2° Diviser ce produit par le *périmètre mouillé*, qui est la longueur transversale des parois immergées ;

3° Extraire la *racine carrée* du quotient obtenu ;

4° Enfin, multiplier cette *racine* par le *coefficient* 51 ; le produit donnera la vitesse cherchée.

dans la basse Maine, par le seul fait que le confluent de la Maine sera reporté à environ 6 kilomètres en aval du point où il se trouve, et que jusque-là il y aura une levée de garde entre les deux rivières. En étiage, les vastes prairies qui sont en amont d'Angers, se trouveront également asséchées et assainies : tel est le remède à une gêne que l'on ressent depuis longtemps. Lorsque Nantes sera devenu un port d'attache commode pour l'intérieur, on sentira probablement le besoin de continuer le canal de batellerie vers Paris, pour le transport des matières encombrantes ou de peu de valeur, comme cela se fait sur les voies navigables qui côtoient les chemins de fer du Havre et du Nord, sans nuire à leur prospérité. Alors le prolongement du canal se ferait par la vallée du Loir qui n'a rien, plutôt que par celle de la Loire ou de la Sarthe, qui ont chacune son chemin de fer. Le tracé viendrait ainsi s'embrancher sur le plateau de la Beauce, près d'Arthenay, avec le *canal de dérivation des eaux de la Loire, pour la nouvelle distribution d'eau de Paris*, d'après le projet que j'ai présenté, et qui par la supériorité de ses avantages sur tous les autres, finira par être adopté : il n'y aura plus qu'à descendre à Angers.

129. Nécessité d'un transport à deux centimes.

Le mouvement des matières encombrantes est d'une nécessité toujours croissante ; et le prix minimum de cinq centimes par tonne et kilomètre payé sur les chemins de fer, est pour ce trafic encore trop élevé de plus de moitié. Il faudrait que le transport ne fût que de un et demi à deux centimes pour les matières d'encombrement et pour les céréales. Or, il n'y a que des canaux bien aménagés et *à plusieurs fins* comme celui dont le projet peut offrir le modèle, qui pourront procurer cet avantage.

130. Écluses terminales.

A son arrivée à la prairie de Mauves en amont de Nantes, le canal d'alimentation communiquera par deux écluses avec le canal maritime, comme on le voit sur le plan du port de Nantes, Pl. II, fig. 4. L'une de ces écluses pourra admettre les navires des plus grandes dimensions, devant entrer ou sortir des cales de construction, comme il est dit ch. X ci-dessous.

131. Chute pour forces hydrauliques.

Le canal d'alimentation ainsi conçu aura une autre valeur accessoire très importante : c'est qu'avec son débit de 38^{m} cubes 647 litres d'eau par seconde et la pente réservée d'Ingrande à Nantes, on obtiendra une force hydraulique considérable. Par exemple, au droit de la chute du canal, l'étiage de la Loire est à 3^{m} 94 au-dessus des plus basses mers, et il se trouve à 12^{m} 12 vers la prise d'eau du canal d'Ingrande. La différence de niveau ou la pente entre les deux points est de 8^{m} 18. Il faut ajouter à cette différence 1^{m} 25, hauteur où la Loire sera maintenue au-dessus de l'étiage à Ingrande, par l'effet du barrage, ce qui fait 9^{m} 43. Maintenant il faut déduire de cette hauteur de chute, d'abord la pente totale du canal qui, à raison de 0^{m} 03 seulement par kilomètre, est de 1^{m} 50 ; puis la surélévation du niveau moyen annuel de la Loire au-dessus de l'étiage au droit des chutes, laquelle est de 1^{m} 08 ; cela fait un total de 2^{m} 58 à déduire de 9^{m} 43 ; reste 6^{m} 85 de chute normale pour créer des forces hydrauliques.

132. Force de 2,206 chevaux. Or, les 38,877 litres ou kilogrammes d'eau débités par seconde dans le canal, étant multipliés par 6m 85 hauteur de la chute, donnent 266,307 kilogrammètres, lesquels divisés par 112, coefficient d'effet utile sur une roue hydraulique des plus ordinaires, produisent une puissance dynamique égale à 2,377 chevaux-vapeur effectifs, c'est-à-dire pouvant élever chacun 75 kilogrammes à un mètre par seconde. Cette force se réduirait à 2,206 chevaux, si le canal maritime allait jusqu'à retenir pour son alimentation un volume de 10 mètres cubes par seconde, tout le reste étant rejeté en Loire. Il faut remarquer que la force est évaluée en chevaux travaillant 24 heures par jour; cela fait le double en journées de 12 heures, soit 4,412 chevaux. La création d'une telle force hydraulique aura le double avantage de procurer un revenu considérable à la Compagnie du canal, tout en étant livrée à bas prix à l'industrie nantaise. Les usines qui mettront ces forces en œuvre seront avantageusement établies sur le bord gauche du bassin d'arrivée du canal, ainsi qu'on le voit coté n° 9 sur le plan du port. (Pl. II, fig. 4). Les cotons que les gros navires pourront alors apporter à Nantes trouveront ici la force pour les filer et les tisser. Avec les eaux déposées du canal, certaines usines, comme les papeteries, jouiront d'un avantage particulier.

133. Fonction du canal dans les crues. Le canal de dérivation de la Loire occupera sur les prairies qui forment le lit majeur du fleuve, une zône d'environ 70 mètres de largeur : cela ne nuira pas au plus prompt écoulement des crues, d'abord parce que le courant se fait plutôt sur le lit du fleuve qu'en dehors, le lit majeur ne faisant guère fonction que de réservoir. D'ailleurs, le canal servira d'exutoire au trop plein des eaux en temps d'inondation. Enfin les digues submersibles qui obstruent maintenant le lit de la rivière en vue de favoriser la navigation en étiage, seront supprimées, puisque le canal suppléera à ce service. Par ces moyens, le canal d'Ingrande à Nantes ne nuira pas à l'écoulement des crues, et il aura, pour le commerce et l'industrie de cette ville, des avantages qui formeront le plus heureux complément de ceux du canal maritime.

234. Ecoulement des étiers. Le débouché des étiers ou rûs que le canal rencontre se fera dans le canal même, là où il sera en déblai, et par dessous le canal dans les parties qui seront en remblai.

235. Bacs et ponts. Des bacs ou des ponts sur le canal établiront les communications des communes de la rive droite de la Loire avec le fleuve, là où il sera besoin

X.

Nouveau port de Nantes.

136.
Un port bien aménagé.

La ville de Nantes reliée à la mer par un canal d'un accès facile, possèdera un port des mieux aménagés. Les conditions sont : 1° Une surface d'eau presqu'illimitée ; 2° des bassins profonds, à niveau constant et communiquant facilement entre eux ; 3° une ligne de quais dont chaque hectomètre corresponde environ à un hectare de superficie ; 4e enfin des docks ou magasins à quai, bordés de rails embranchés sur un chemin de fer. Le nouveau port de Nantes offrira tout cela.

137.
Sacrifices pour cette utilité.

Quand la disposition des lieux n'offre pas de facilités naturelles propres à de tels établissements maritimes, il est très coûteux de les créer artificiellement. Néanmoins l'utilité en est telle, que l'on n'a pas hésité à entreprendre pour cela l'exécution d'immenses travaux, à Londres, à Liverpool, au Havre, à Marseille, etc. Souvent on a eu à acheter des terrains coûteux comme terrains de ville, et de plus, il a fallu les creuser. Liverpool a déjà dépensé environ 180 millions pour ses docks, et cette dépense triple de celle du canal ici proposé avec ses annexes, fructifie chaque année par des produits rémunératoires. Or, à Nantes on n'aura à dépenser comparativement que fort peu pour tout cela.

138.
Facilités pour Nantes.

Le génie du projet consiste ici à faire emploi des bras mêmes de la Loire, sans que cela fasse obstacle au développement de la ville de ce côté. Ces estuaires sont transformés en bassins à flot à niveau constant, et les prairies marécageuses qu'ils inondent, en terrains de docks et de ville. Il faut toutefois que le fleuve ne cesse pas de trouver son débouché dans les plus grandes crues. A cet effet, la Loire sera rejetée sur sa rive gauche, où toutes ses eaux seront rassemblées dans un lit unique, au lieu des six bras qui lui restent encore.

139.
Détournement de la Loire.

Le bras droit de la Loire sera barré à la prairie de Mauves, en amont de Nantes (Voy. le plan du port de Nantes, Pl. II, fig. 4), et détourné dans le bras gauche de Pirmil, lequel sera suffisamment élargi, puis barré lui-même au dessous du confluent de la Sèvre, pour être rejeté dans un nouveau lit qui sera ouvert au fleuve, là où passe le seil de Rézé : c'est ce qu'indique sur le plan la double ligne ponctuée en rouge, qui marque les limites extrêmes de la zone où le nouveau lit peut être ouvert d'un côté comme de l'autre.

140. Barrages. Le barrage du bras de Mauves formera un pont à vannes qui, étant fermées, empêcheront les eaux surélevées du canal maritime de tomber dans la Loire en étiage, et les eaux de celle-ci d'envahir le canal dans les crues. Ces pertuis s'ouvriront pour faire des chasses dans le canal maritime et le remplir lorsqu'on l'aura mis à sec. Ils seront encore ouverts lors des crues extraordinaires, afin que le canal serve d'exutoire au trop plein des eaux du fleuve. Le barrage en aval du pont de Pirmil pourra n'être qu'une simple chaussée; et un pont sera construit sur le nouveau lit de la Loire, en aval du confluent de la Sèvre. (Pl. II, fig. 4).

141. Nouveau lit. Le pont actuel de Pirmil sera seulement allongé d'un côté ou de l'autre, et le creusement du nouveau lit pour la Loire se fera dans un sol facile, formé des alluvions du fleuve et de graviers diluviens. La longueur à creuser ne sera guère que de 4 kilomètres. Les déblais serviront à exhausser le sol trop bas des prairies voisines et à faire des recomblements ou des remblais utiles. Pour diminuer ces déblais qui seront considérables, l'un de MM. les Ingénieurs du département pense qu'il conviendrait de reporter le barrage du bras de Pirmil vers 1,800 mètres plus bas. Les études régulières en décideront.

142. Obstruction des six lits actuels. Pour apprécier l'utilité du nouveau lit, il faut considérer qu'en temps d'inondation les ponts actuels forment de véritables barrages dans les six bras de la Loire; c'est au point que sur environ 550 mètres de longueur totale des ponts, il n'y a guère que 337 mètres en ligne d'eau. Les 213 mètres restants sont barrés par la largeur des 29 piles, qui forment un obstacle artificiel à l'écoulement. En donnant aux piles près des 2/3 de la largeur des arches, on s'est plus préoccupé d'offrir de la résistance qu'un franc passage au courant. On ne ferait pas cela aujourd'hui. De plus la clé de voûte est si peu élevée sous la plupart des arches, qu'elle est atteinte et dépassée dans les grandes inondations. Enfin le fond des bras est presque recomblé au niveau d'étiage par l'effet des digues submersibles qui les barrent à l'amont de la ville. Cela fait que la hauteur du débouché sous les ponts n'est guère que de 6m 75 en moyenne.

143. Section du débouché, débit des crues. En multipliant les 337 mètres formant la ligne d'eau sous les ponts par 6m 75 hauteur moyenne du débouché, on a 2,274 mètres carrés pour la section du débouché. On estime que dans ses fortes crues, la Loire débite environ 5,700 mètres cubes d'eau par seconde. Or les 11,200,000 hectares qui forment son bassin, en versent bien le double dans le courant au moment de la plus grande intensité de la cause qui produit les inondations; mais cette autre moitié est retenue dans les vallées des affluents dont le lit majeur fait

ainsi fonction de reservoir, sans quoi les inondations seraient bien plus désastreuses qu'elles ne le sont.

144. Remous à Nantes. Le lit majeur, c'est-à-dire la largeur de la vallée où les inondations se répandent, ne peut offrir à Nantes une section supplémentaire à l'écoulement, puisqu'il est barré dans toute son étendue par la double rangée de constructions qui borde la ligne des ponts. Lors donc que le débouché sous les arches ne suffit pas, il se fait à l'amont un remous qui, dans la dernière grande crue, allait jusqu'à 40 et 50 centimètres au-dessus du niveau d'aval. Quand la crue par exemple est à 6^{m} 25 au pont de la Bourse, elle va jusqu'à 6^{m} 75 en amont de la ligne des ponts. C'est dans les excès de crue que de petites surélévations sont très préjudiciables. Les prairies sont alors couvertes de 2 à 3 mètres d'eau, et la basse ville se trouve envahie sur la rive droite.

145. Id. en amont et en aval. La vallée de la Loire en amont de Nantes offre un étranglement naturel entre Oudon et Champtoceaux. Là où la vallée s'élargit, elle se trouve rétrécie artificiellement par des digues; c'est au point que les crues s'y élèvent à 1 mètre et 1^{m} 50 plus haut qu'elles ne le font à Nantes. Ici la hauteur moindre tient à une plus grande proximité de la baie où la masse inondante vient faire son étale. Il y aurait encore moins de crue à Nantes si le rétrécissement du lit du fleuve à Trentemoult et à Roche-Maurice ne contribuait à retenir les eaux à l'aval des ponts. De plus les nouvelles digues amorcées sur ces étranglements et que l'on vient de prolonger, réduisent d'environ moitié la section d'écoulement de la Basse-Loire. Il faut donc s'attendre à une aggravation du mal des inondations; car les eaux pourront bien s'élever à Nantes à 1 mètre de plus qu'elles ne l'on fait jusqu'à présent, si les choses restaient comme elles sont.

146. Section et débit du nouveau lit. Le nouveau lit qui sera ouvert à la Loire, aura une section d'écoulement supérieure à celle des ponts actuels, à égalité de hauteur d'eau dans les crues. A cet effet, il sera creusé à 2^{m} 50 en moyenne au-dessous de l'étiage, de manière que la profondeur y sera de 9 mètres quand les eaux seront à 6^{m} 50 au-dessus du zéro du pont de la Bourse, élévation des plus grandes inondations. Pour avoir alors un débouché égal à celui des ponts, la plus grande profondeur du nouveau lit de la Loire permettrait de ne lui donner que 252 mètres de largeur, à peu près comme à Trentemoult. Mais on propose de donner 280 mètres de largeur moyenne au nouveau lit; de sorte que sa section S ($280^{m} \times 9^{m}$) $=$ 2,520 mètres carrés, soit 246 mètres carrés de plus que celle des ponts actuels.

Les talus intérieurs étant inclinés à 2 de base pour 1 de hauteur, le Périmètre mouillé C $=$ 300 mètres.

La pente moyenne P va bien à 0^{m} 00029 par mètre, lorsque les eaux sont à 6^{m} 50 au-dessus de l'étiage;

De sorte que la vitesse moyenne $v = 2^{m}$ 30 par seconde, d'après la formule expliquée ci-dessus, art. 126.

D'où le débit S v (2,520 mètres carrés × 2^m 30) = 5,796 mètres cubes d'eau par seconde, au moins autant que le débouché actuel.

147.
coulement supplémentaire. Mais alors les deux canaux fonctionneront comme exutoires pour le trop plein de l'inondation. Le canal d'Ingrande absorbera bien 250 mètres cubes par seconde pris en amont des premiers étranglements de la vallée, et le canal maritime pourra recevoir le volume qu'on voudra. Les deux canaux ne prissent-ils que 800 mètres cubes d'eau par seconde, soit le 1/7 de la masse inondante, la hauteur de la crue, quand elle atteint par exemple 6^m 50, s'en trouverait rabaissée d'environ 1 mètre. En supposant qu'il vînt une crue apportant 6,500 mètres cubes d'eau par seconde, le canal maritime n'aurait qu'à absorber douze à treize cents mètres cubes pour réduire la crue à 5^m 50. C'est ainsi qu'au point de vue des inondations, l'entreprise apportera une amélioration notable.

148.
Levée de garde. La ville de Nantes sera ainsi garantie contre l'excès des crues. Il y aura de plus une levée de garde sur la berge droite du nouveau lit, pour que le sol des prairies faisant partie du nouveau port, ne puisse plus être inondé.

149.
Quatre grands avantages. Ce détournement de la Loire exigera des travaux assez considérables ; mais il procurera à la ville quatre grands avantages : 1° Nantes aura sous sa main un port vaste et des plus commodes ; 2° une nouvelle surface égale à celle que la ville recouvre, va lui faire accession comme terrains de port et de ville ; 3° ces terrains ne seront plus envahis par les inondations, non plus que la ville ; 4° enfin, les huit premiers kilomètres du canal maritime se touveront ainsi tous faits.

150.
ouveau port, superficie, ligne de quais. On a exposé ci-dessus, n° 98, comment par l'effet de la tenue du plan d'eau dans le canal, à 3 mètres au-dessus du zéro du pont de la Bourse, il y aurait presque partout une profondeur suffisante dans le nouveau port. De plus, la superficie de bassins à flot pourra suffire à tous les besoins présents et avenir. A partir du barrage du bras de la prairie de Mauves où le canal maritime commence en amont de Nantes, ce bras qui se bifurque pour former le canal Saint-Félix et le canal de la Madeleine, n'a pas moins de 6 kilomètres de longueur jusqu'à Chantenay. Il faut y joindre la longueur du bras de Pirmil, en aval du barrage ; ce qui fait 8 kilomètres de longueur pour le nouveau port, et 16 kilomètres de longueur de quais, sans compter le canal Saint-Félix. Or la largeur moyenne de cette ligne d'eau pour le port, est d'environ 200 mètres ; ce qui donne 160 hectares de surface d'eau. Aucun port n'a des docks de cette étendue ; et deux nouvelles branches peuvent encore y être ajoutées : un bassin ou canal reliant directement le port de la Fosse avec le bras de Pirmil, à travers la prairie au Duc, et coté n° 13 sur le plan, Pl II, fig. 4 ; et un autre coté n° 15, lequel relie ce même bras avec la partie supérieure du canal de la Madeleine. Il peut y avoir là encore environ 22 hectares de superficie et

4,400 mètres de longueur de quais. Toutes ces lignes d'eau forment un tout solidaire, et chaque partie pourra être affectée à un service général ou particulier. On peut voir ainsi quinze bassins cotés sur le plan.

151. Les prairies, terrains de ville et de port.

La ville de Nantes, primitivement assise au pied des coteaux qui bordent la rive droite de la Loire, n'a pu se développer qu'en envahissant leurs pentes, puis les plateaux voisins; cela fait qu'elle forme comme une demi-lune dont la tranche bordée par le port, reçoit tout le mouvement vivificateur de la cité. Au-delà du premier bras de la Loire, il ne s'est encore porté que peu d'établissements, à cause du sol bas et marécageux des prairies, que rien ne défend contre les crues du fleuve. Mais aussitôt que le sol de ces prairies sera à l'abri de toute inondation, et relié à la ville actuelle par des communications plus commodes qu'à présent, tous ces terrains se trouveront transformés en terrains de port et de ville, acquérant une plus-value considérable. Or la superficie ainsi conquise, ne s'élève pas à moins de 400 hectares. Par cette accession, l'agglomération nantaise se trouvera mieux équilibrée dans ses masses.

152. Docks, leurs avantages.

On comprend bien aujourd'hui dans les ports, l'avantage d'avoir des bassins où les navires peuvent stationner à flot au lieu d'échouer à marée basse. Pour avoir toute leur utilité, ces bassins doivent être bordés de magasins à quai où les navires chargent et déchargent leurs marchandises avec facilité, sécurité et célérité. Outre le transbordement et l'emmagasinage, l'administration des docks se charge du traitement et des manutentions diverses qu'exige le bon entretien des marchandises; le tout sous sa responsabilité et moyennant un tarif de frais peu onéreux. Il y a là tout avantage pour le négociant : moins de soins et de soucis, temps gagné pour les affaires, avec une économie notable de frais généraux et particuliers.

153. Faculté d'entrepôt, warrants.

Les docks offrent deux autres avantages non moins précieux : l'un est la faculté d'entrepôt avec toutes les facilités qui en résultent pour les négociants, quant aux droits de douane à payer, sans préjudice pour le gouvernement; l'autre avantage est d'offrir au commerce, des *warrants* ou certificats énonçant la quantité, la qualité et la propriété de la valeur emmagasinée, warrants avec lesquels on ne peut engager, vendre et livrer la marchandise sans la déplacer, qu'alors qu'il convient au dernier cessionnaire du warrant.

154. Institution nécessaire.

Cette simple et facile mobilisation de masses de produits souvent énormes, est d'un avantage inappréciable pour le commerce : c'est l'un des plus grands points de sa bonne économie. L'institution des docks est si bien appréciée en Angleterre, qu'il n'est pas de port qui n'ait voulu avoir les siens. Nous commençons aussi à en comprendre l'importance. Le Havre et Marseille ont adopté ce progrès, et le nouveau port de Nantes n'aura rien à envier en ce genre à ses devanciers.

155.
Les docks du nouveau port.

Comme l'espace ne manquera pas ici, les magasins seront élevés dans les endroits les plus convenables pour les diverses classes de marchandises, tant sur les anciens quais que sur les nouveaux. Le plan du port, Pl. II, fig. 4, montre que l'on en peut établir sur plusieurs kilomètres de longueur, rien que sur les quais encore libres. Il en sera de même des chantiers divers; et les uns et les autres auront autant que possible leur spécialité. Les paquebots transatlantiques, par exemple, auront leur dock à l'aval du port, vers les bassins n°s 1 et 2. Le port de la Fosse ne sera plus gêné par le chemin de fer, et il se trouvera au centre du nouveau port. Les bassins de la partie supérieure du port, n°s 6, 7, 8, 9, 10, 11, seront plus spécialement affectés au mouvement de la batellerie, qui ne peut manquer aussi de devenir considérable par l'établissement du canal d'Ingrande. On peut voir sur le plan que les lignes de magasins à quai seront longées sur leurs derrières par une ligne de rails embranchée sur le chemin de fer, près de la gare actuelle. A côté de cette ligne de rails, il y aura une rue de service pour le camionnage; de sorte que le mouvement des docks sera dans les meilleures conditions. Quant aux transbordements qui devront s'opérer directement entre les navires et les wagons du chemin de fer, un ou deux quais seront disposés pour cela dans le port, là où sera la plus grande commodité pour la Compagnie, sans compter la gare d'eau actuelle du chemin de fer, où s'opèreront aussi les transbordements de la batellerie sur rails. C'est ainsi que, par son aménagement, le nouveau port se prêtera à tous les besoins.

156.
Formes de construction éclusées.

Un autre avantage de ce projet pour le port de Nantes, sera d'offrir toutes facilités pour établir des chantiers de construction dans les conditions les plus désirables. Le plan d'eau dans le canal maritime sera élevé de 3 mètres à Nantes, et de 6 mètres à Saint-Nazaire, au-dessus des basses mers moyennes. Il sera donc loisible d'établir sur les bords du canal des formes de construction et de radoub éclusées, où les navires pourront être construits, puis mis à flot par le simple jeu d'une vanne, qui remplira d'eau la forme éclusée en quelques minutes. On sera dispensé de recourir au mode barbare et périlleux du lancement des vaisseaux. Quant aux navires à visiter et à radouber, ils entreront du canal dans une de ces formes comme dans une écluse, et les portes étant refermées, ils se trouveront mis à sec sur un ber disposé pour les recevoir, en levant la vanne de fuite par où l'éclusée s'écoulera dans la rivière. Ils seront ainsi visités et commodément carénés ou radoubés, puis remis à flot par le même procédé. A Nantes, on pourra établir des formes ainsi asséchables ayant 7 mètres de profondeur, sur le côté nord du bassin n° 9, où débouche le canal d'alimentation. (Voy. Pl. II, fig. 4 et fig. 1). Là, par conséquent, les plus forts clippers, les paquebots transatlantiques et les vaisseaux de guerre, pourront être construits commodément, mis à flot comme avec la main, visités et réparés avec la même facilité. Il sera établi à cet effet une grande écluse de communication de ce bassin avec le canal maritime. Avec cette commodité, Nantes ne saurait manquer de devenir un port de construction de premier ordre, tant pour la marine française que pour la marine étrangère. Certes un établissement maritime comme celui d'Indret sera mieux placé ici qu'ailleurs.

157. Meilleure position du chemin de fer.

On sait combien la position du chemin de fer longeant les quais à niveau est gênante tant pour la circulation de la ville que pour la marine dont elle coupe les communications avec le port, enfin pour le chemin de fer même dont le mouvement contrarié se trouve constamment en péril. Cette vicieuse disposition ne saurait durer, et elle se trouve très heureusement changée dans le projet au moyen d'un petit déplacement et d'un faible exhaussement. Le déplacement consiste à faire passer le nouveau tracé, plus directement au sortir de la gare, sur l'emplacement du bras qui sépare l'île Feydeau de l'île de la Madeleine, en atterrissant ce bras inutile au nouveau port, depuis le pont suspendu jusqu'à la petite Hollande, au dessous du pont Maudit. On aura ainsi l'avantage d'offrir à la Compagnie du chemin de fer un emplacement très convenable pour y établir sa gare des voyageurs au centre de la ville, la gare actuelle restant celle des marchandises. La nouvelle gare pourra avoir son entrée près de la Poissonnerie et du pont de Belle-Croix, ainsi qu'on le voit sur le plan, Pl. II, fig. 4, ou plus rapprochée encore près du pont Maudit. En recomblant ce bras du fleuve, on laissera seulement du côté du Château un petit canal ordinaire pour ne pas couper les communications d'amont en aval par le canal Saint-Félix. Au sortir de la gare nouvelle, la voie ferrée va rejoindre le quai de la Fosse où elle s'établit, non dans sa place actuelle, mais tout à côté sur la petite promenade qui la longe. Cela permettra d'établir sur l'emplacement actuel de la voie les rampes par lesquelles on descendra pour passer par dessous le chemin de fer et communiquer sans interruption avec le bas port en cet endroit, et plus haut avec les îles.

158. Exhaussement de la voie et passages par dessous.

Pour que voitures et piétons puissent ainsi passer par dessous le chemin de fer, il suffira d'exhausser seulement de 2^m 50 à 3 mètres la voie nouvelle, ainsi qu'on le voit Pl. II, fig. 1 qui représente le profil du nouveau quai de la Fosse : *a* est le quai même, *b* est l'emplacement actuel de la voie ferrée, et *d* est celui de l'étroite promenade qui la longe, et où l'on voit le faible exhaussement qui sera donné à la voie nouvelle. *b c* est la rampe descendante du quai pour passer sous le chemin de fer et communiquer avec le bas port *e*. La ligne ponctuée en noir *g* représente le niveau actuel de l'eau dans la rivière, et la ligne ponctuée en rouge *h* indique la surélévation du plan d'eau du canal. La ligne *e f* marque la rampe qui, en certains passages, remontera du côté des îles. De cette manière, aucune communication maritime et urbaine ne se trouvera coupée par le chemin de fer, qui n'aura plus lui-même le grave inconvénient de ses passages à niveau.

159. Voies de service pour le port.

Pour maintenir le chemin de fer en communication directe avec les navires, une voie de service sera établie plus ou moins près de l'autre, vers l'aval du bassin de la Fosse, coté n° 3 sur le plan. Au moyen des ponts à arche tournante, les navires pourront même remonter jusqu'à la gare actuelle. Quant aux communications du chemin de fer avec les docks, elles se feront au moyen de la voie service indiquée, art. 155 ci-dessus, laquelle partant de la gare actuelle, passera par dessus le barrage du bras de la Loire à la prairie de Mauves, comme on le voit Pl. II, fig. 4.

160. Traversée sur la rive gauche.

Avant la présentation de cette entreprise, le projet de traversée de la vallée de la Loire pour le chemin de fer du Midi, remonte ce passage jusqu'au droit de Saint-Sébastien. On propose ici de s'écarter moins de la ville et de passer sur les nouveaux ponts-barrages et autres qui seront établis pour l'exécution du canal, comme on les voit indiqués sur le plan. L'avantage pour la Compagnie du chemin de fer sera que ces constructions se feront aux frais communs de la Compagnie du canal maritime, de la Compagnie du chemin de fer, de la ville, du département et de l'Etat, en ce que ces ponts serviront également à la voirie ordinaire. Une commodité particulière pour les habitants sera d'avoir, près du pont de Pirmil, une station bien placée pour cette partie reculée de la ville. On voit par ces dispositions quels nouveaux avantages la Compagnie du chemin de fer peut tirer de l'établissement du canal avec le nouveau port.

161. Viabilité.

La viabilité de la ville et du port doit gagner aussi. Les deux grands bras de la Loire, celui de la Madeleine et celui de Pirmil, n'ont depuis longtemps qu'un pont; ils en auront chacun trois; de sorte que les grandes îles et la rive gauche de la Loire se trouveront convenablement rattachées à la ville ancienne ainsi qu'au nouveau port. On voit l'emplacement de ces ponts sur le plan Pl. II, fig. 4, ainsi que le tracé des principales rues nouvelles qui pourront être ouvertes.

162. Décoration.

On indique aussi sur le plan un percement qui décorerait singulièrement le centre de la ville de Nantes, en le rattachant au port par un boulevard d'une rampe fort accessible, voie que l'on est surpris de ne pas trouver encore. Ce serait la prolongation du boulevard Delorme, à travers le massif impénétrable de ruelles, adossé au théâtre et qui isole complètement le beau quartier de la place Graslin de celui du Palais-de-Justice. La voie nouvelle descendrait ainsi du plateau de la place Delorme par une rampe moyenne inférieure à celle des routes impériales, soit 5 mètres par hectomètre, pour venir en passant devant la Bourse, se raccorder au quai, franchir le canal et passer sous le nouveau remblai du chemin de fer à la petite Hollande, comme il est indiqué sur le plan Pl. II, fig. 4, et par le profil de la fig. 5. Ici la lettre *a* marque la position de la place Delorme élevée de 25 mètres au-dessus nouveau canal, *b* le point où le boulevard traverserait la rue Crébillon, *c c* l'endroit où il passerait sur la rue de la Bourse, *d* le pont sur le canal Saint-Félix rétréci, *e* la nouvelle voie du chemin de fer par dessous laquelle on passerait près de la petite Hollande et du pont Maudit. Si les pavillons du nouvel hôpital n'étaient pas déjà construits, le prolongement de ce boulevard irait se raccorder avec la place du pont de la Madeleine. Il conviendrait de porter la largeur du prolongement du boulevard Delorme à 36 mètres au lieu de 24. Comme il n'y a pas de plus belle verdure que celle de l'avenue de ce boulevard, la ville de Nantes offrirait le plus bel axe transversal que l'on pût voir. On a indiqué aussi en certain point du boulevard Delorme, une étoile de quatre nouveaux boulevards qui pourraient être percés très avantageusement sous tous les rapports, lorsque par le développement résultant de la nouvelle entreprise, la ville bourgeoise continuera de s'agrandir de ce côté; mais en dehors de ce point de vue éventuel, il y a d'autres nécessités présentes.

163. Résumé.

Tel est l'ensemble d'un projet qui, pour être complexe en ses parties, ne cesse pas d'offrir une précieuse unité. Le but en est grand, la conception a paru heureuse, les ouvrages ne sortent point de l'ordre des travaux ordinaires, tous les intérêts seront satisfaits et les capitaux y trouveront bonne rémunération, ainsi qu'il résulte du devis qui suit.

XI.

Dépenses, produits, voies et moyens.

164. Terrassements.

Bien qu'un devis formel ne puisse résulter que d'études et plans de détail sur chaque partie de l'ouvrage à exécuter, on peut dans un avant-projet, précisé comme celui-ci, se rendre provisoirement compte de la dépense et des produits, de manière à juger de la portée de l'entreprise.

La masse du travail nécessaire à l'exécution de ce projet de canal maritime y compris ses annexes, la nature et le nombre des ouvrages d'art peuvent être évalués approximativement comme suit :

Sous le rapport de la masse des terrassements, l'avantage d'établir le tracé en lit de rivière ou de la baie est tel que la somme des déblais et remblais, pour le canal maritime, n'est guère que la moitié de la somme totale. Comme les déblais s'ouvriront presque partout dans un terrain d'alluvion très meuble, et que les remblais pour les digues ou levées se feront sur tout le tracé, à même des déblais et par les moyens les plus perfectionnés, on n'évalue pas à plus de 1 fr. 25 en moyenne le coût d'un mètre cube de terrasse, soit pour les 29,540,000 mètres cubes formant la masse totale, ci .... 36,925,000 fr.

165. Ouvrages d'art.

Les ouvrages d'art pour l'ensemble des quatre parties du projet sont :

1° Huit ou neuf écluses, grandes, moyennes ou petites, pour les communications diverses des trois canaux et du port entre eux et avec la rivière ou la mer, soit pour le tout........................ 3,050,000

2° Prise d'eau avec barrage mobile, débouché en mer du canal maritime et de la rigole, déversoir, perrés....... 5,230,000

3° Ponts, bacs. Les ponts de Nantes devront se faire à frais communs avec la ville, la Compagnie du chemin de fer et le département, ou l'Etat, ce qui réduira d'autant la dépense pour la Compagnie du canal maritime. Sa part et les autres passages sont évalués à........ 2,400,000

166. [...]rains et indemnités.

L'établissement du canal maritime en lit de Loire ou de la baie procure aussi l'avantage de réduire considérablement l'étendue des terrains qu'il faudrait acheter pour un canal d'une aussi large section. On n'aura guère à acquérir en tout que 557 hectares presque sans constructions, dont la valeur vénale peut être de 6,000 fr. en moyenne; mais par l'expropriation et les indemnités, ils sont évalués à 10,000 fr., ci.. 5,770,000

167. [...], matériel de remorquage.

L'établissement des chantiers et magasins à quai pour les marchandises, les aménagements pour les forces hydrauliques et les cales de construction, le matériel de bateaux remorqueurs, etc., ci.......... 6,000,000

168. [...]êts pendant l'exécution.

Il reste à ajouter tant pour l'intérêt des capitaux pendant les travaux que pour supplément éventuel, ci.................. 10,825,000

Total de la dépense.............. 70,000,000 fr.

169. [...]oyenne par kilomètre.

A ce compte, la dépense moyenne par kilomètre pour les trois canaux : canal maritime, rigole d'assèchement des marais, canal de dérivation, dont la longueur totale est de 166 kilomètres, revient à 422,349 fr. par kilomètre, y compris les dépenses pour le nouveau port et pour l'exploitation de l'entreprise. Divers chemins de fer ont plus coûté.

170. Produit brut.

I. Canal maritime. Le tonnage annuel du port de Nantes est d'environ 900,000 tonnes. On peut admettre que dans les bonnes conditions nouvelles créées par le canal maritime, ce tonnage doublera en peu d'années, comme cela s'est vu pour les ports de Marseille et du Hâvre. On n'évalue pas à moins de 3 fr. par tonne en moyenne le coût du transport de Saint-Nazaire à Nantes, par la rivière ou par le chemin de fer. La Compagnie du canal ne prendra pas plus de 2 fr. par tonne, remorquage, péage et transbordement compris. Les caboteurs ne paieront guère que 1 fr. 25 par tonne pour tout le parcours; et le remorquage dans le canal sera tel que les navires seront aux quais de Nantes, 6 heures après leur entrée dans le bassin de Saint-Nazaire.

Or, 1° 1,600,000 tonnes seulement remorquées, à 2 fr. l'une, donnent.	3,200,000 fr.
2° Stationnement de navires et produits divers, ci...............	500,000
3° Docks. A Liverpool, le produit des docks est de 9 millions, soit par rapport au total du mouvement annuel du port, 2 fr. par tonne. Nous ne compterons ici ce produit que pour moitié, vu l'économie du nouveau port; or, 1,600,000 tonnes à 1 fr., donnent ci.............	1,600,000
4° Le mouvement annuel du canal d'Ingrande à Nantes peut être évalué à 500,000 tonnes, lesquelles à 1 fr. 25 seulement pour tout le parcours, remorquage et péage compris, soit 2 centimes 1/4 par tonne et kilomètre, ci..	625,000
5° Force hydraulique de 2,200 chevaux, loués chacun 750 fr. par an, ci.	1,650,000
6° Location des cales éclusées de construction et radoub, ci.......	250,000
7° Irrigation de 10,000 hectares et eau d'industrie livrée aux usines, ci..	300,000
TOTAL DU PRODUIT BRUT.............	8,125,000 fr

171. *Frais annuels.*

Pour avoir le produit net, il faut déduire du produit brut les frais annuels, qui sont : 1° Frais de remorquage sur les deux canaux pour le tonnage indiqué ci-dessus, ci...................

1° Frais de remorquage ... ci	790,000 fr.
2° Entretien et réparation des ouvrages, etc., ci	350,000
3° Amortissement du capital et du matériel, ci.....	370,000
4° Administration, etc........................	290,000
5° Supplément éventuel, ci....................	100,000
TOTAL DES FRAIS ANNUELS.........	1,900,000 fr.

172. *Bénéfice net, dividende.*

En retranchant de la somme des produits bruts ci-dessus la dépense d'exploitation, ci..	1,900,000 fr.
Il reste pour bénéfice net...	6,225,000 fr.

Cette somme, par rapport au capital de 70 millions engagé, donne un dividende de 8 8/10 °/₀. Ce prospect rémunérateur doit l'être plus encore : en effet, l'entreprise proposée est une grande voie de communication analogue à un chemin de fer et plus utile encore. L'Etat qui ne donne que des concessions temporaires, est intervenu à peu près pour un tiers dans la dépense d'établissement des chemins de fer. La Compagnie du canal est en droit de compter sur le même concours, d'autant que le grand canal maritime de Nantes à Saint-Nazaire procurera à la marine de l'Etat comme à la marine marchande, un *port de refuge* dont nous manquons encore. L'Etat donnera au moins sa garantie d'un minimum d'intérêts. Si donc, au lieu de 70 millions, il n'en reste que 47 à la charge de la Compagnie du canal, le bénéfice net annuel étant le même, le dividende sera de 13 2/10 °/₀. L'entreprise se présente ainsi comme devant être aussi fructueuse pour ses actionnaires, qu'avantageuse au commerce nantais et au pays en général ; les revenus de la ville de Nantes y gagneront également beaucoup.

173. Voies et moyens.

On voit que l'entreprise du canal maritime offre sous le rapport financier autant d'avantage que pour tout le reste. Le favorable accueil qui lui a été fait dès sa première présentation, tant par le commerce que par les autorités de la ville de Nantes, s'est encore justifié depuis, par la nécessité de plus en plus sentie de recourir au seul moyen qui reste à employer pour conserver le commerce maritime de cette importante cité, et même pour l'étendre d'après l'exigence des besoins nouveaux. Dans cette situation, il y a lieu d'aviser aux voies et moyens qui peuvent conduire à la plus prompte exécution de l'entreprise. Le point principal est de procéder aux études régulières et de détail sur chaque partie du projet, d'après lesquelles se fait la mise aux enquêtes, s'organise la Compagnie financière exécutive et s'obtient la concession. Ce n'est plus ici l'œuvre d'un seul ; le concours de tous est nécessaire.

174. Société fondatrice.

En conséquence, par acte passé devant Me Martineau et son collègue, notaires à Nantes, le 23 avril 1862, une *Société fondatrice du canal maritime de Nantes à Saint-Nazaire* est formée entre M. Adolphe-Hippolyte-Jean-Marie Radiguel, ingénieur civil à Paris, et tous ceux qui adhéreront aux statuts. La dite Société a pour objet de réaliser les fonds nécessaires pour procéder aux études régulières, poursuivre la demande en concession auprès du gouvernement, puis se transformer en Compagnie financière anonyme pour l'exécution du canal maritime.

Le capital de la Société fondatrice est de cent mille francs, divisé en mille parts de cent francs, donnant droit à une part proportionnelle dans la valeur créée par la Société.

On souscrit à Nantes au siége provisoire de la Société, quai de la Fosse, n° 40, où l'on peut s'adresser pour ce qui concerne la Société.

175. Durée des travaux.

Les opérations commenceront aussitôt la souscription de la portion du capital nécessaire à la constitution de la Société. La diligence peut être telle dans une entreprise comme celle-ci, qui est d'un intérêt urgent et aussi général que particulier, que toutes les mesures préparatoires soient prises de manière à commencer les travaux dès la campagne prochaine. L'exécution ne demandera pas plus de quatre ans, absorbant seulement quinze à vingt millions pour la dépense, par année. Cela ne saurait affecter le marché général du pays, tout en répandant un capital considérable et très fructueux dans le département de la Loire-Inférieure.

176. Raisons finales.

On ne saurait mieux terminer ce Mémoire qu'en mentionnant deux faits, l'un tout récent, l'autre fort ancien déjà, dont l'opportunité de ce projet tire une nouvelle force. Le combat de la frégate cuirassée le *Merrimac* contre d'autres vaisseaux en bois qu'elle a crevés, puis contre une batterie flottante cuirassée, le *Monitor*, qui a pu lui résister, est venu confirmer ce que nous avons dit ci-dessus art. 54 et suivants, touchant la nécessité d'un port de refuge, seul abri désormais possible pour des établissements maritimes.

Le fait ancien remonte à deux cents ans déjà; c'est un souvenir qui était tout à fait oublié; il nous apprend que l'idée du canal maritime de Nantes date du commencement du règne de Louis XIV. Voici en quels termes en écrivait le grand roi au maréchal de la Meilleraye, qui était alors gouverneur de Nantes :

Au maréchal, duc de la Meilleraye.

A Paris, ce 5 mai 1663.

« Mon cousin, après le témoignage que vous me rendez de la facilité qu'il y aura de faire monter jusqu'à
» Nantes des vaisseaux de tout port, chargés, par le moyen du canal que l'ingénieur hollandais veut faire,
» je ne doute point du succès de cette proposition; c'est pourquoi je serais bien aise d'en voir les dessins et
» les devis. Mais avant que d'ordonner l'imposition de dix sols par tonneau, que l'on demande pour cet
» effet, j'estime très à propos de fixer le temps de sa durée, et qu'on passe un marché en bonne forme de
» tous les ouvrages qui seront à faire. J'attendrai donc préalablement votre réponse sur ces deux points, et
» après vous avoir assuré de la continuation de ma bienveillance, je finirai en priant Dieu qu'il vous ait en
» sa sainte garde.

« LOUIS. »

Ce fut peu de temps après cette époque, que le projet du canal de Languedoc, conçu par Riquet, fut présenté à Louis XIV : ce projet fut incontinent mis à exécution. Qu'est-ce qui empêcha qu'il en fût ainsi pour le canal de Nantes ? Nul ne le sait. Quelle longue suite d'avantages perdus ! Se trouvera-t-il encore des gens pour s'opposer ou faire attendre ?

TABLE DES MATIÈRES.

Pages.

Nantes, Imp. Ev. Mangin.

PLANCHE 1.

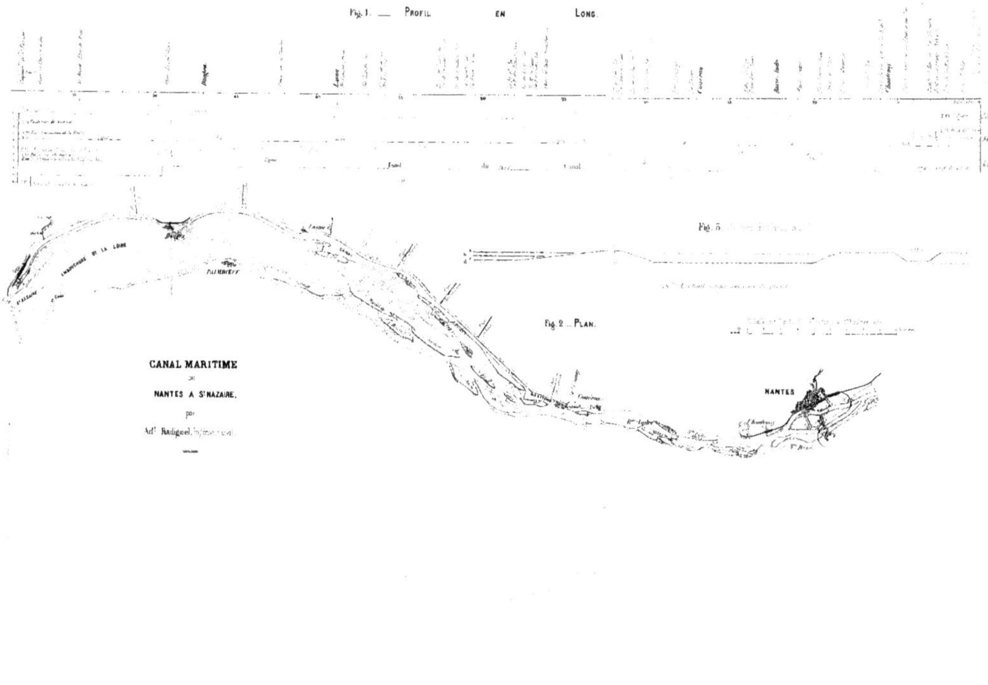

Fig. 1. — Profil en Long.

Fig. 5.

Fig. 2. — Plan.

NANTES

PAIMBŒUF

CANAL MARITIME

de

NANTES A St NAZAIRE,

par

Adl Radiguel, Ingénieur civil.

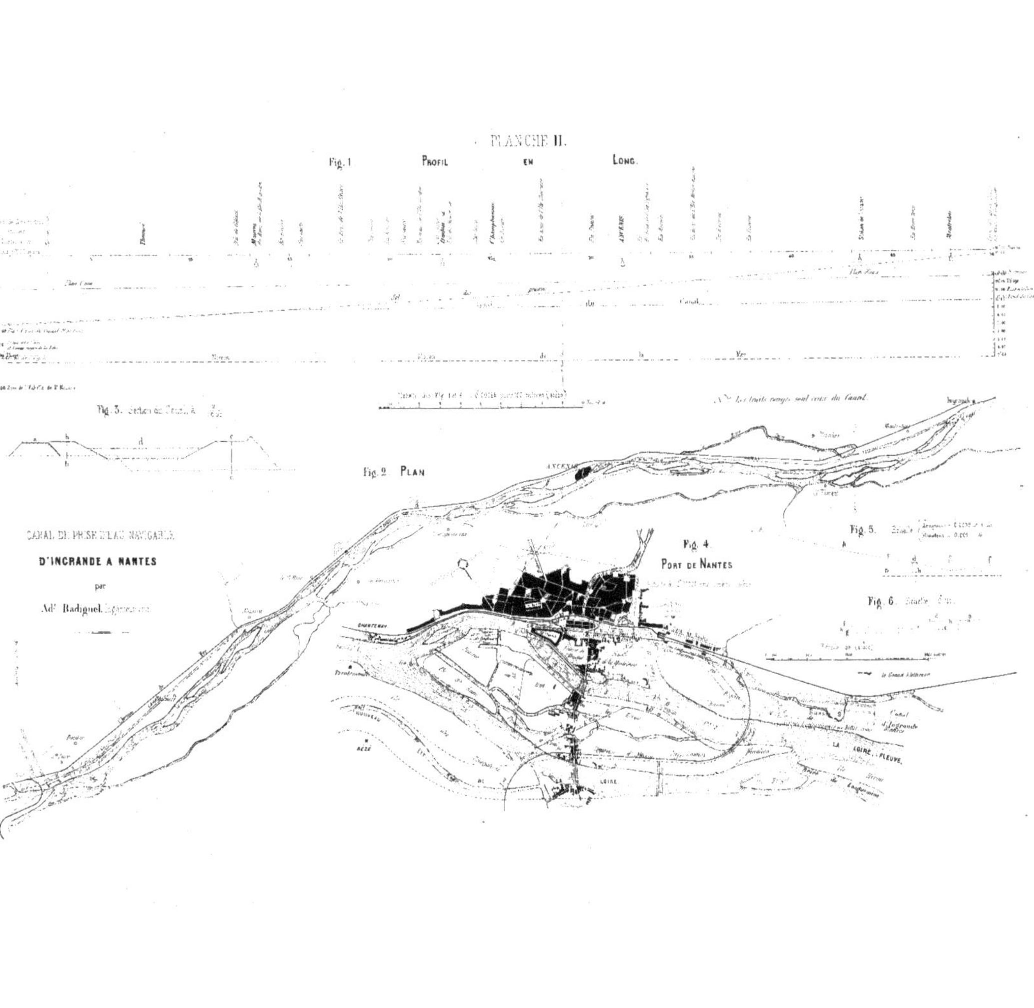
PLANCHE II.
Fig. 1 PROFIL EN LONG.
Fig. 3.
Fig. 2 PLAN
CANAL DE PRISE D'EAU NAVIGABLE
D'INCRANDE A NANTES
par
Adr Radiguel, Ingénieur
ANCENIS
Fig. 4
PORT DE NANTES
CHANTENAY
Fig. 5.
Fig. 6.
LA LOIRE FLEUVE
LOIRE

www.ingramcontent.com/pod-product-compliance
Ingram Content Group UK Ltd.
Pitfield, Milton Keynes, MK11 3LW, UK
UKHW012101240726
13965UKWH00004B/1466